百味人生 6

BAIWEI RENSHENG

主编 刘颖异

上海教育出版社
SHANGHAI EDUCATIONAL PUBLISHING HOUSE

亲爱的同学，当你打开这本书时，你就开启了一段惬意的旅程。从相遇、相知，到相伴前行，淡淡的书香将一直萦绕在你身边。

在初中语文教材里，你会读到许多名篇佳作，你将会沉浸在充满智慧、有温度的文字世界中，语文素养自然会得到提升。面对神秘奇幻的自然、日新月异的世界、渐趋丰盈的人生，每册教材中的二十几篇课文，恐怕很难再满足你的阅读需求，你的阅读理应更广泛、更自由、更专业。如何让课内外读物有机融合成滋养你成长的沃土？如何让点滴的阅读收获汇聚成助推你遨游书海的动力？我们汇聚全国各地的名师，在研读教材的基础上精选文章，设计帮你实现高效阅读、自主学习的平台和支架……

于是，便有了摆在你面前的这本书。

这本书分为经典诵读、单元学习、整本书阅读三个板块。

第一个板块是“经典诵读”，所选古诗词历久弥新。针对诗词中可能会给你造成阅读障碍的生字难词，我们加注了读音和注释，且辅以专业诵读音频供你赏听以及鉴赏资料供你查阅。希望你能利用每天的晨读或其他课余时间反复诵读，持之以恒，假以时日，定能厚积薄发。

第二个板块是“单元学习”，我们精心挑选了一组与课文主题相关的文章，组合成一个阅读单元，让你在学习课文的基础上拓展阅读更多佳作；针对教材中的每个写作主题，我们也选取了相应的文章（含片段）组成单元，为你的写作指引方向或触发灵感。其中“范文阅读”“组文阅读”“自由阅读”和“类文阅读”四个小标签可提示你采用不同的方式进行阅读。选文之外还附有单元导语、旁批、学习提示、单元学习任务等助读工具，为你的自主阅读提供助力。

带有“范文阅读”标签的文章最贴近教读课文的学习要点，你可以在学过教读课文后，参看这些范文中的旁批和文后的学习提示进行阅读，习得课内所学。

带有“组文阅读”标签的文章都与教读课文主题相关，帮助你在多篇文章的比较阅读中拓宽视野、发展思维、形成能力。阅读时，你可以参看文后的单元学习任务，运用阅读所得解决实际问题，提升语言文字的实际运用能力。

带有“自由阅读”标签的文章与自读课文相关联，你可以根据自己的需要、兴趣自主选择阅读，多读、少读、深读、浅读皆可，如能养成边读边做批注的习惯，你会邂逅更多精彩与惊喜。

带有“类文阅读”标签的是一组与单元写作要求相匹配的文章。这组文章的首篇附有旁批，配合单元写作重点为你的写作实践提供技巧点拨。

第三个板块是“整本书阅读”，推荐书目多为《义务教育语文课程标准（2011版）》中建议初中生阅读的名著。我们设计了“阅读导航”“精彩选篇”“阅读规划”“交流平台”等助读工具，若能激发你的阅读兴趣，为你提供科学的方法指导，助你养成主动阅读整本书的习惯，我们将由衷地感到欣慰。

愿这本书能陪伴着你在阅读的黄金时期，与经典交流，与大师对话，帮助你积累知识，开阔视野，丰富心灵，培育精神，做睿智、优雅的人！

顾之川

经典诵读

第一单元　童话故事

范文阅读

组文阅读

第二单元 放飞思维

范文阅读

组文阅读

第三单元 远古神话

自由阅读

第四单元 寓言部落

范文阅读

组文阅读

第五单元 联想与想象

类文阅读

第六单元　中国精神

整本书阅读

在经典中浸润，在诗海中徜徉，让心灵开始一次雅韵悠长的旅程。从《诗经》到宋词，从田园到边塞，从婉约到豪放，从现实主义到浪漫主义……那些作品，或率真质朴，或清幽缠绵，或慷慨刚健，或隽永蕴藉，寄托了中华儿女的家国情怀，传承着博大精深的中华文明。

有了诗词的濡染，我们的学习自当渐入佳境；有了经典的浸润，我们的生活定会异彩纷呈。

扫码收听朗诵音频

1. 读《山海经》（其十）[①]

⊙〔晋〕陶渊明

精卫[②]衔微木[③]，将以填沧海。

刑天[④]舞干戚，猛志固常在。

同物既无虑[⑤]，化去不复悔[⑥]。

徒设[⑦]在昔心[⑧]，良辰讵[⑨]可待！

---

①《读〈山海经〉》共十三首，此为第十首。

② 精卫：古代神话中的鸟名。据《山海经·北山经》及《述异记》卷上记载，古代炎帝有女名女娃，因游东海淹死，灵魂化为鸟，经常衔木石去填东海。

③ 微木：细木。

④ 刑天：古代神话人物，因和天帝争权，失败后被砍去了头，埋在常羊山，但他不甘屈服，以两乳为目，以肚脐当嘴，仍然挥舞着盾牌和板斧。

⑤ 同物既无虑：精卫既然淹死而化为鸟，就和其他的鸟相同，即使再死一次也不过是从鸟化为另一种物，所以没什么忧虑。

⑥ 化去不复悔：刑天已被杀死，化为异物，但他对以往和天帝争神之事并不悔恨。

⑦ 徒设：空有。

⑧ 在昔心：指诗人自己往日的雄心。

⑨ 讵（jù）：岂，表示反问。

这首诗通过咏赞精卫和刑天至死不屈的顽强意志和斗争精神，抒发了诗人空怀抱负却无从施展的慷慨不平的心情。

陶渊明一生酷爱自由，反抗精神是陶诗的重要主题，这首诗赞叹神话形象精卫、刑天，即此种精神的体现。诗歌称叹精卫、刑天之事，取其虽死无悔、猛志常在之精神，而加以高扬，这并不是无所寄托的。虽然在《山海经》的神话里，精卫、刑天的复仇愿望似亦未能如愿以偿，但是，其中的反抗精神却并不是无价值的。这种精神，其实是中国先民勇敢坚韧的品格的体现。陶渊明在诗中高扬这种反抗精神，“猛志固常在”，表彰此种精神之不可磨灭；“徒设在昔心，良辰讵可待”，则将此精神悲剧化，使之倍加深沉。

扫码收听朗诵音频

2. 咏史八首（其二）

⊙〔晋〕左思

郁郁[①]涧底松，离离[②]山上苗。
以彼径寸茎[③]，荫[④]此百尺条[⑤]。
世胄[⑥]蹑[⑦]高位，英俊沉下僚。
地势使之然，由来非一朝。
金张藉旧业[⑧]，七叶珥[⑨]汉貂[⑩]。
冯公[⑪]岂不伟，白首不见招。

---

① 郁郁：茂盛的样子。

② 离离：下垂的样子。

③ 径寸茎：直径仅一寸的茎干。

④ 荫（yìn）：遮盖。

⑤ 百尺条：指涧底松。条，树枝。

⑥ 世胄（zhòu）：世家子弟，贵族后裔。胄，后裔。

⑦ 蹑（niè）：登，居。

⑧ 金张藉旧业：汉代的金日磾（mì dī）和张汤两家族，从汉武帝时起，至汉平帝时止，七个朝代，世代是宫廷中的宠臣。藉，依靠。旧业，先人的遗业。

⑨ 珥（ěr）：插。

⑩ 汉貂（diāo）：汉代侍中等大官在冠旁插貂鼠尾，以示显要。

⑪ 冯公：指汉代冯唐，曾指责汉文帝不会用人。他年老了仍在做中郎署长的小官。

这首诗写的是在门阀制度下，有才能而出身寒微的人只能屈居下位，而世家大族子弟却依靠父兄世代占据要位，造成“上品无寒门，下品无士族”（《晋书·刘毅传》）的不平现象。“郁郁涧底松”四句，以比兴手法表现了当时人间的不平，以“涧底松”比喻出身寒微的士人，以“山上苗”比喻世家大族子弟。仅有一寸粗的山上树苗竟然遮盖了涧底百尺之高的大树，从表面看来，诗歌写的是自然现象，实际上诗人是借此隐喻人间的不平，包含了特定的社会内容。我国古典诗歌常以松喻人的高尚品格，其内涵是十分丰富的。

“诗圣”杜甫

杜甫是我国古代最负盛名的现实主义诗人，一生创作了1400多首诗，这些作品突出地表现了他对国家命运的关注，对民众苦难的同情。他大胆抨击权贵、官吏、军阀的罪恶，甚至指向执政者。他的诗，由于广泛、真实地反映了唐代社会由盛转衰的种种现实，而被称为“诗史”。因其作品体现出的卓越的思想和艺术成就，杜甫被后人尊为“诗圣”。

扫码收听朗诵音频

3. 关山月[①]

⊙〔唐〕李白

明月出天山[②]，苍茫云海间。
长风几万里，吹度玉门关[③]。
汉下白登道[④]，胡窥青海湾[⑤]。
由来[⑥]征战地，不见有人还。
戍客[⑦]望边邑[⑧]，思归多苦颜[⑨]。
高楼当此夜，叹息未应闲。[⑩]

---

① 关山月：乐府旧题，属横吹曲辞，多抒离别哀伤之情。

② 天山：即祁连山。因汉时匈奴称“天”为祁连，故也叫天山。

③ 玉门关：故址在今甘肃敦煌西北，是古代通向西域的交通要道。

④ 汉下白登道：指与匈奴交战的历史事件。白登，指白登山，在今山西大同东。据《史记·匈奴列传》记载，汉高祖曾与匈奴在此作战，被围困七日之久。

⑤ 胡窥青海湾：指与吐蕃征战的历史事件。“胡”在这里指吐蕃，“青海湾”即青海湖，在今青海西宁附近，初为吐谷浑所有，后为吐蕃所并。唐与吐蕃的战争多发生在这一带，故说胡人窥伺其地。

⑥ 由来：向来，从来。

⑦ 戍客：驻守边疆的战士。

⑧ 边邑：边境地区。一作“边色”。

⑨ 苦颜：愁苦的表情。

⑩ 高楼当此夜，叹息未应闲：这两句是写边关将士们想象家乡的妻子在这月夜之中，一定是人倚高楼，望穿双眼，盼望丈夫回到自己身边，但是失望使她们发出无休无止的叹息。

宋人陈郁说："盖写形不难，写心唯难也。"这首诗，就是诗人站在征人的角度揣摩征人的思想感情，揭示征人的内心世界。在征人眼里，那风是从万里之遥吹来的故乡风，那月是驾长风飞来的故乡月，是写景更是写情。中间部分有叙述有议论，但也透露出征人的厌战情绪。后边写征人思归的"苦颜"和妻子不停歇的"叹息"，都是"带情韵以行"，感人至深。他们希望早日结束战争，"良人罢远征""天涯静处无征战，兵气销为日月光"，这是广大人民的美好愿望，也是本诗所要表现的主旨。

"诗仙"李白

李白是一位在我国文坛上彪炳千秋的大诗人。他那啸傲山林、求仙寻道、纵酒狂歌的言行和作品，都给人一种飘逸如仙的感觉。李白年轻时就才华横溢，从蜀地刚到长安时，老诗人贺知章到旅舍看他，李白拿出其《蜀道难》一诗给贺知章看，贺知章未看完就再三击节称赞，并给他起了"谪仙"的雅号。因此后人便称李白为"谪仙""诗仙"。

扫码收听朗诵音频

4. 宿业师山房待丁大不至①

⊙〔唐〕孟浩然

夕阳度②西岭，群壑③倏④已暝。
松月生夜凉，风泉满清听。
樵人归欲尽，烟鸟栖初定。
之子⑤期宿来，孤琴候萝径⑥。

赏析

此诗写诗人夜宿山寺中，于山径之上等待友人的到来，而友人不至的情景。诗中所描绘的自然景物形象，不仅准确地表现出山中从薄暮到深夜的时态特征，而且流露出诗人期盼知音的心情。特别是“松月生夜凉，风泉满清听”两句，写诗人见松月而觉夜凉，闻泉声而感山幽，细致入微地传达出日暮山间听泉时的全部感受，很有韵味。全篇前六句都是融情入景，到了第七句，才点出“之子期宿来”，然后在第八句再点出一个“候”字，彰显了诗人不焦虑、不抱怨的儒雅风度，也从侧面表露出了诗人闲适的心境和对友人的信任。

---

①这首诗写期待友人来山寺夜宿而友人不至。业师，法名业的僧人。山房，僧人居所。

②度：越过、落下。

③壑：山谷。

④倏（shū）：忽然。

⑤之子：这个人，指丁大。

⑥萝径：爬满藤萝的小路。

扫码收听朗诵音频

5. 题诗后

⊙〔唐〕贾岛

二句三年得①，一吟②双泪流。

知音③如不赏，归卧④故山⑤秋。

这首诗是最能反映诗人心境的。前两句是诗人对自己“苦吟”生活的一个概括：“三年”极言斟酌出好诗之不易，而“双泪流”亦道出吟诗之苦。诗人绝非是说自己为作诗所累，而是以此表明自己对作诗的热爱，也是对生活的一种热爱。可是，作品得有人欣赏才有其价值，诗人多么渴望有欣赏自己诗作的知音！可是并非事事尽如人意。诗人此处虽写自己吟得好诗不易，但也颇有知音甚少之遗憾。这不能不使人想起贾岛还俗应举、举场遭贬之事，据说他当时被贬斥的理由是“僻涩之才，无所采用”。他历次应试，都不得及第，其原因不得而知。但这番身世，会激发他“知音”甚少的感慨是不难理解的。在荒凉的秋季赋闲回家，正写出自己不被赏识的凄凉心曲。

---

① 得：得到。

② 吟：吟诵。

③ 知音：相传春秋时期俞伯牙善鼓琴，钟子期善听琴，俞伯牙每次想到什么，钟子期都能从琴声中领会到俞伯牙所想。后称知心朋友为“知音”。

④ 归卧：闲在家里不再作诗。

⑤ 故山：家乡的山。

扫码收听朗诵音频

6. 菩萨蛮

⊙〔唐〕韦庄

人人尽说江南好，游人只合①江南老。春水碧于天，画船听雨眠。

垆②边人似月，皓腕③凝霜雪④。未老莫还乡，还乡须断肠。

这首词抒发了词人对江南景色和风情的留恋。“春水碧于天，画船听雨眠”，既写景色的秀丽，也写惬意的情趣；而“垆边人似月，皓腕凝霜雪”，既写缠绵的感情，也写美好的青春，同时与下句的“老”“还乡”形成鲜明的对比，透露了词人对自己的生命和处境的悲凉感受，传达出丰厚的意蕴。此词用白描手法，语言朴素，颇能反映韦词的风格特点。

---

① 只合：只应该。

② 垆：酒店放置酒瓮的土墩。

③ 皓腕：洁白的手腕。

④ 凝霜雪：形容像霜雪凝聚般洁白。

扫码收听朗诵音频

7. 雨霖铃[①]

⊙〔宋〕柳永

寒蝉[②]凄切[③]，对长亭[④]晚，骤雨初歇[⑤]。都门帐饮[⑥]无绪[⑦]，留恋处，兰舟催发。执手[⑧]相看泪眼，竟无语凝噎[⑨]。念去去[⑩]，千里烟波，暮霭[⑪]沉沉楚天[⑫]阔。

多情自古伤离别，更那堪[⑬]，冷落清秋节！今宵酒醒何处？杨柳岸，晓风残月。此去经年[⑭]，应是良辰好景虚设[⑮]。便纵有千种风情，更与何人说？

---

① 雨霖铃：此调原为唐教坊曲。相传唐玄宗避安禄山乱入蜀，时霖雨连日，栈道中听到铃声，为悼念杨贵妃，便作此曲，后被柳永用为词调。

② 寒蝉：这里指秋蝉。

③ 凄切：形容蝉声凄凉而悲切。

④ 长亭：古时设在驿道旁供饯别和行人休息用的亭舍。

⑤ 歇：这里指雨停。

⑥ 都（dū）门帐饮：在京都城门外搭起帐幕设宴饯行。

⑦ 无绪：没有情绪，无精打采。

⑧ 执手：彼此双手相握的样子。

⑨ 凝噎（yē）：喉咙哽塞，欲语不出的样子。

⑩ 去去：重复言之，表示行程之远。

⑪ 暮霭（ǎi）：傍晚的云气。

⑫ 楚天：楚地的天空（古代楚国在今长江中下游一带的南方），这里泛指南方的天空。

⑬ 那堪：哪能受得住。

⑭ 经年：经过一年或多年，这里指年复一年。

⑮ 虚设：白白地存在着。

本词是柳永的代表作之一，也是送别词之经典。上阕记别，从日暮雨歇、送别都门、设帐饯行，到兰舟催发、泪眼相对、执手告别，依次层层描述离别的场面和双方惜别的情态，犹如一首带有故事性的剧曲，融情入景，展示了令人伤心的一幕。下阕述怀，承“念”字而来，设想别后情景。“念”字后“去去”连用，给人以去路茫茫之感。“暮霭沉沉”，又平添辽远之意，浓密的烟霭中，离愁之深，可以想见。伤离惜别，自古皆然，而此时正值冷落凄凉的秋季，离情更甚于常时，“更那堪”三字使感情色彩得以增强。“今宵酒醒何处”，遥接上阕“帐饮”，足见虽然“无绪”却仍借酒浇愁以致沉醉。“杨柳岸，晓风残月”，则集中了一系列极易触动离愁的意象，创造出一种凄清冷落的怀人境界。“此去”以下，以情会景，由“今宵”想到“经年”，由“千里烟波”想到“千种风情”，由“无语凝噎”想到“更与何人说”，回环往复，又一气贯注地抒发了“相见时难别亦难”的不尽愁思。

扫码收听朗诵音频

8. 破阵子①

⊙〔宋〕晏殊

燕子来时新社②，梨花落后清明。池上碧苔三四点，叶底黄鹂一两声，日长③飞絮轻。

巧笑东邻女伴，采桑径里逢迎。疑怪昨宵春梦好，原是今朝斗草④赢，笑从双脸生。

赏析

古人称燕子为社燕，因为它常是春社来、秋社去。这首词中所说的新社，即指春社，每到春社之时，邻里大聚会，来行祀社之礼，场面极其盛大。此时春已中分，新燕将至，恰值社日也将到来，闺中少女也呼姊唤妹，到门外游观。词人运用白描手法，写出了清明时节采桑少女踏青斗草的情景。

在这样燕子北归、梨花落后的清明时节，伴着碧水青苔、黄鹂啼鸣，少女们在采桑的路上相遇，一见面便有一番问答："你今天怎么这么高兴？夜里做了什么好梦了吧？快说给我听听……""莫胡说！人家刚才和她们斗草来着，得了彩头呢！""疑怪"两句，转笔写出"巧笑"的缘由，看似无意，实则有意而为之，显得自然贴切。"笑从双脸生"写出了少女发自内心深处的笑，活泼生动。全词风格朴实，意境颇丰。

---

① 破阵子：词牌名，原为唐教坊曲，又名《十拍子》等。双调六十二字，平韵。

② 新社：社日是古代祭土地神的日子，以祈丰收，有春秋两社。新社即春社，时间在立春后，清明前。

③ 日长：指清明过后白天渐长。

④ 斗草：古代女子的一种游戏。

童话故事

童话是儿童文学的一种体裁。它植根于现实生活，通过幻想，运用拟人、夸张、象征等手法来塑造形象，反映生活；它语言生动形象，故事情节往往离奇曲折，引人入胜；它借助幻想的力量，使寻常的事物呈现出奇异的光彩，为我们展现了一个奇幻的世界。

本单元学习快速阅读。阅读时，尽量扩大一次性进入视野的文字数量，通过抓取关键词语来带动整体阅读。还要调动情感体验，发挥联想和想象，深入理解文章要表达的思想感情。

1. 皇帝的新衣

⊙叶圣陶

从前安徒生写过一篇故事，叫《皇帝的新装》，想来看过的人很不少。

试着复述安徒生的《皇帝的新装》，与这一段做比较，思考叶圣陶为什么对故事的结局叙述得较为详细。

这篇故事讲一个皇帝最喜欢穿新衣服，就被两个骗子骗了。骗子说，他们制成的衣服漂亮无比，并且有一种神奇的力量，凡是愚笨的或不称职的人就看不见。他们先织衣料，接着就裁、缝，都只是用手空比画。皇帝派大臣去看好几次。大臣没看见什么，但是怕人家说他们愚笨，更怕人家说他们不称职，就都说看见了，确实非常漂亮。新衣服制成的一天，皇帝正要举行一种大礼，就决定穿了新衣服出去。两个骗子请皇帝穿上了新衣服。旁边伺候的人谁也没看见新衣服，可是都怕人家说他们愚笨，更怕人家说他们不称职，就一齐欢呼赞美。皇帝也就表示很得意，裸体走出去了。沿路的民众也像看得十分清楚，一致颂扬皇帝的新衣服。可是小孩子偏偏爱说实心话，有一个喊出来：“看哪，这个人没穿衣服。”大家听到，你看看我，我看看你，都笑了，终于喊起来：“啊！皇帝真是没穿衣服！”皇帝听得真真的，知道上了当，像是浇了一桶凉水；可是事情已经这样，也不好意思再说回去穿衣服，只好硬着头皮往前走。

以后还会有什么事情发生呢？请发挥你的想象，设想故事会怎样发展。

以后怎么样呢？安徒生没说。其实是以后还有许多事情的。

皇帝一路向前走，硬装作得意的样子，身子挺得格外直，以致肩膀和后背都有点儿酸疼了。跟在后面给他拉着空衣襟的侍臣知道自己正在做非常可笑的事情，直想笑；可是又不敢笑，只好紧紧地咬住下嘴唇。护卫的队伍里，人人都死盯着地，不敢斜过眼去看同伴一眼；只怕彼此一看，就憋不住，哈哈大笑起来。

面对皇帝的可笑举动，侍臣、护卫想笑又不敢笑，民众这边却是说笑声沸腾，二者的表现为什么会有所不同？

民众没有受过侍臣、护卫那样的训练，想不到咬紧嘴唇，也想不到死盯着地，既然说破了，说笑声就沸腾起来。

“哈哈，看不穿衣服的皇帝！”

“嘻嘻，简直疯了！真不害臊！”

“瘦猴！真难看！”

“啊，看他的胳膊和大腿，像煺毛的鸡！”

皇帝听到这些话，又羞又恼，越羞越恼，就站住，吩咐大臣们说：“你们没听见这群不忠心的人在那里嚼舌头吗！为什么不管！我这套新衣服漂亮无比，只有我才配穿；穿上，我就越显得尊严、高贵。你们不是都这样说吗？以后我要永远穿这一套！谁故意说坏话就是坏蛋、叛徒，立刻逮来，杀！就，就，就这样。赶紧去，宣布，这就是法律，最新的法律。”

这一愚蠢的决定贯穿故事始终，围绕它巧妙地展开了离奇而生动的故事情节。

大臣们不敢怠慢，立刻命令手下的人吹号筒，召集人民，用最严厉的声调把新法律宣布了。果然，说笑声随即停止了。皇帝这才觉得安慰，就又开始往前走。

可是刚走出不很远，说笑的声音很快地由细微变得响亮起来。

“哈哈，皇帝没……”

“哈哈，皮肤真黑……”

“哈哈，看肋骨一根根……”

“哈哈，从来没有的新……”

皇帝再也忍不住了，脸气得一块黄一块紫，冲着大臣们喊：“听见了吗？”

“听见了。”大臣们哆嗦着回答。

“忘了刚宣布的法律啦？”

“没，没……”大臣们来不及说完，就转过身来命令兵士，“把所有说笑的人都抓来！”

街上一阵大乱。兵士跑来跑去，像圈野马一样，用长枪拦截逃跑的人。人们往四面逃，有的摔倒了，有的从旁人的肩上蹿出去。哭，叫，简直是乱成一片。结果捉住了四五十个人，有妇女，也有小孩子。皇帝命令就地正法，为的是叫人们知道他的话是说一不二，将来没有人再敢触犯那新法律。

在作者不事雕琢的叙述中，皇帝的丑态暴露无遗。

从此以后，皇帝当然不能再穿别的衣服。上朝的时候，回到后宫的时候，他总是裸着身体，还常常用手摸摸这，摸摸那，算作整理衣服的皱纹。他的妃子和侍臣们呢，起初本来也忍不住要笑的；日子多了，就练成一种本领，看到他黑瘦的身体，看到他装模作样，无论觉得怎么可笑，也装得若无其事，不但不笑，反倒像是也相信他是穿着衣服的。在妃子和侍臣们，这种本领是非有不可的；如果没有，那就不要说地位，简直连性命也难保了。

可是天地间什么事情都难免例外，也有因为偶尔不小心就倒了霉的。

一个是最受皇帝宠爱的妃子。一天，她陪

着皇帝喝酒，为了讨皇帝的欢喜，斟满一杯鲜红的葡萄酒送到皇帝嘴边，一面撒着娇说："愿您一口喝下去，祝您寿命跟天地一样长久！"

皇帝非常高兴，嘴张开，就一口喝下去。也许喝得太急了，一声咳嗽，酒喷出很多，落在胸膛上。

"啊呀！把胸膛弄脏了！"

"什么？胸膛！"

妃子立刻醒悟了，粉红色的脸变成灰色，颤颤抖抖地说："不，不是；是衣服脏了……"

"改口也没有用！说我没穿衣服，好！你愚笨，你不忠心，你犯法了！"皇帝很气愤，回头吩咐侍臣，"把她送到行刑官那里去。"

又一个是很有学问的大臣。他虽然也勉强随着同伴练习那种本领，可是一看见皇帝一丝不挂地坐在宝座上，就觉得像只剃去了毛的猴子。他总怕什么时候不小心，笑一声或说错一句话，丢了性命。所以他假说要回去侍奉年老的母亲，向皇帝辞职。

皇帝说："这是你的孝心，很好，我准许你辞职。"

大臣谢了皇帝，转身下殿，好像肩上摘去五十斤重的大枷，心里非常痛快，不觉自言自语地说："这回可好了，再不用看不穿衣服的皇帝了。"

皇帝听见仿佛有"衣服"两个字，就问下面伺候的臣子："他说什么啦？"

臣子看看皇帝的脸色，很严厉，不敢撒谎，就照实说了。

皇帝的怒气像一团火喷出来："好！原来你是不愿意看见我，才想回去——那你就永远也不用想回去了！"他立刻吩咐侍臣："把他送到行刑官那里去。"

妃子和大臣的遭遇及表现，说明皇帝已经在众叛亲离的道路上越走越远了。

经过这两件事以后，无论在朝廷或后宫，人们都更加谨慎了。

可是一般人民没有妃子和大臣那样的本领，每逢皇帝出来，看到他那装模作样的神气，看到他那干柴一样的身体，就忍不住要指点，要议论，要笑。结果就引起残酷的杀戮。皇帝祭天的那一回，被杀的有三百多人；大阅兵的那一回，被杀的有五百多人；巡行京城的那一回，因为经过的街道多，说笑的人更多，被杀的竟有一千多人。

人死得太多，太惨，一个慈心的老年大臣非常不忍，就想设法阻止。他知道皇帝是向来不肯认错的；你要说他错，他就越说不错，结果还是你自己吃亏。妥当的办法是让皇帝自愿地穿上衣服；能够这样，说笑没有了，杀戮的事情自然也就没有了。他一连几夜没睡觉，想怎么样才能让皇帝自愿地穿上衣服。

办法最后算是想出来了。那老臣就去朝见皇帝，说："我有个最忠心的意思，愿意告诉皇帝。您向来喜欢新衣服，这非常对。新衣服穿在身上，小到一个纽扣都放光，您就更显得尊严，更显得荣耀。可是近来没见您做新衣服，总是国家的事情多，所以忘了吧？您身上的一套有点儿旧了，还是叫缝工另做一套，赶紧换上吧！"

"旧了？"皇帝看看自己的胸膛和大腿，又用手上上下下摸一摸，"没有的事！这是一套神奇的衣服，永远不会旧。我要永远穿这一套，你没听见我说过吗？你让我换一套，是想叫我难看，叫我倒霉。就看你向来还不错，年纪又大了，不杀你，去住监狱吧！"

皇帝不肯接受老臣换一套新衣的建议，这一情节发展合理吗？为什么？

那老臣算是白抹一鼻子灰，杀人的事情还是一点儿也没减少。并且，皇帝因为说笑总不能断，心里很烦恼，就又规定一条更严厉的法律。这条法律是这样：凡是皇帝经过的时候，人民一律不准出声音；出声音，不管说的是什么，立刻捉住，杀。

这条法律宣布以后，一般老成人觉得这太过分了，他们说，讥笑治罪固然可以，怎么小声说别的事情也算犯罪，也要杀死呢？大伙就聚集到一起，排成队，走到皇宫前，跪在地上，说有事要见皇帝。

皇帝出来了，脸上有点儿惊慌，却装作镇静，大声喊：“你们来干什么？难道要造反吗？”

一般老成人头都不敢抬，连声说：“不敢，不敢。皇帝说的那样的话，我们做梦也不敢想。”

皇帝这才放下心，样子也立刻像是威严高贵了。他用手摸摸其实并没有的衣襟，又问：“那么，你们是来做什么呢？”

皇帝能答应“老成人”的请求吗？作者为什么要安排“老成人”来请愿呢？

“我们请求皇帝，给我们言论自由，给我们嬉笑自由。那些胆敢说皇帝、笑皇帝的，确实罪大恶极，该死，杀了一点儿也不冤枉。可是我们决不那样，我们只要言论自由，只要嬉笑自由。请皇帝把新定的法律废了吧！”

这是皇帝真实的想法。这个皇帝不仅愚蠢、虚荣，而且专制、残酷。

皇帝笑了笑，说：“自由是你们的东西吗？你们要自由，就不要做我的人民；做我的人民，就得遵守我的法律。我的法律是铁的法律。废了？吓，哪有这样的事！”他说完，就转过身走进去。

一般老成人不敢再说什么。过了一会儿，有几个人略微抬起头来偷看，原来皇帝早已走了；没有办法，大家只好回去。从此以后，大家就变了主意，只要皇帝一出来，就都关上大门坐在家里，谁也不再出去看。

有一天，皇帝带着许多臣子和护卫的兵士到离宫去。经过的街道，空空洞洞的，没有一个人；家家的门都关着。大街上只有“嚓、嚓、嚓”的脚步声，像夜里偷偷地行军一样。

可是皇帝还是疑心，他忽然站住，歪着头细听。人家的墙里像是有声音，他严厉地向大臣们喊：“没听见吗？”

大臣们也立刻歪着头细听，赶紧瑟缩地回答：

“听见啦，是小孩子哭。”

“还有，是一个女人唱歌。”

“有笑的声音——像是喝醉了。”

皇帝的怒火又爆发了，他大声向大臣们吆喝：“一群没用的东西！忘了我的法律啦？”

大臣们连声答应几个“是”，转过身就命令兵士，把里面有声音的门都打开，不论男女，不论大小，都抓出来，杀。

这是人民的心声！当被邪恶残忍的皇帝逼迫到极点时，人民忍无可忍，就会奋起反抗。

没想到的事情发生了。兵士打开很多家的大门，闯进去捉人；这许多家的男男女女、大大小小就一拥跑出来。他们不向四外逃，却一齐扑到皇帝跟前，伸手撕皇帝的肉，嘴里大声喊："撕掉你的空虚的衣裳！撕掉你的空虚的衣裳！"

这一段动作描写，极富画面感！

这真是从来没见过的又混乱又滑稽的场面。男人的健壮的手拉住皇帝的枯枝般的胳膊，女人的白润的拳头打在皇帝的黑黄的胸膛上，有两个孩子也挤上来，一把就揪住皇帝腋下的黑毛。人围得风雨不透，皇帝东窜西撞，都被挡回来。他又想蹲下，学刺猬，缩成一个球，可是办不到。最不能忍的是腋下痒得难受，他只好用力夹胳膊，可是也办不到。他急得缩脖子，皱眉，掀鼻子，咧嘴，简直难看透了，惹得大家哈哈大笑。

兵士从各家回来，看见皇帝那副倒霉的样子，活像被一群马蜂蜇得没办法的猴子，也就忘了他往常的尊严，随着大家哈哈笑起来。

大臣们呢，起初是有些惊慌的，听见兵士笑了，又偷偷看看皇帝，也忍不住哈哈笑起来。

笑了一会儿，兵士和大臣们才忽然想到，原来自己也随着人民犯了法。以前人民笑皇帝，自己帮皇帝处罚人民，现在自己也站在人民一边了。看看皇帝，身上红一块紫一块，哆嗦成一团，活像水淋过的鸡，确实好笑。好笑的就该笑，皇帝却不准笑，这不是浑蛋法律吗？想到这里，他们也随着人民大声喊：“撕掉你的空虚的衣裳！撕掉你的空虚的衣裳！”

皇权和武力是镇压不住真理的！“皇帝的新衣”深长的意味，是说不尽的。

你猜皇帝怎么样？他看见兵士和大臣们也倒向人民那一边，不再怕他，就像从天上掉下一块大石头砸在头顶上，身体一软就瘫在地上。

一九三〇年作

叶圣陶的《皇帝的新衣》是安徒生童话《皇帝的新装》的续篇。这篇童话紧紧围绕“以后我要永远穿这一套”展开故事情节，让皇帝出尽了洋相，大臣、侍卫和普通百姓的表现各不相同。面对众人的讥笑，皇帝只能靠颁布法律进行血腥镇压。有镇压就会有反抗，人民喊出“撕掉你的空虚的衣裳”的最强音，皇帝众叛亲离。情节看似荒诞无稽，实则是作者大胆而合理的想象，故事的结局告诉我们：自欺欺人掩盖不了事实真相，皇权武力也镇压不住真理正义。

阅读后请思考：续篇中的皇帝与原文中的皇帝在性格上有什么变化？你觉得这些变化可信吗？如果让你来写续篇，你会怎样来写呢？

2. 夜　莺①

⊙〔丹麦〕安徒生

你大概知道，在中国，皇帝是一个中国人，他周围的人也是中国人。这故事是许多年以前发生的；但是正因为这个缘故，在人们还没有忘记它以前，它是值得听一下的。这皇帝的宫殿是世界上最华丽的宫殿；它完全用精致的瓷砖砌成，价值非常高；不过这种砖非常脆，人们如果要摸它，必须万分当心。人们在御花园里可以看到世上最珍奇的花儿。那些最名贵的花上都系着银铃，好使得走过的人一听到铃声就不得不注意到这些花儿。是的，御花园里的一切东西都布置得非常精巧。这花园是那么大，连园丁都不知道它的尽头在什么地方。如果一个人不停地向前走，他就会遇见一个茂密的树林。树林里有很高

① 本文是安徒生虚构的故事，其中关于中国的情况大部分都不符合事实。

的树，还有一些很深的湖。这树林一直伸展到蔚蓝色的、深沉的海边。巨大的船只可以在这些树枝底下航行。这树林里住着一只夜莺。它的歌唱得非常美妙，连一个忙碌的穷苦渔夫，在夜间出去收网的时候，一听到它歌唱，也不禁要停下来欣赏一下。

此处为下文人们寻找夜莺、听夜莺演唱埋下伏笔。

“我的天呢，唱得多么美啊！”他说。但是他不得不去做他的工作，于是他就把这只鸟儿忘记了。不过第二天晚上，这鸟儿又唱起来。当渔夫听到它歌唱的时候，不禁又这样说：“我的天呢，唱得多么美啊！”

世界各国的旅行家都到这个皇帝的京城里来欣赏这座皇城、宫殿和花园。不过，当他们听到夜莺歌唱的时候，都说：“这才是最美的东西！”

这些旅行家回到本国以后，都谈论着这件事情。于是许多学者就写了大量关于皇城、宫殿和御花园的书籍。但是他们也没有忘掉这只夜莺，而且还把它放在一切之上。那些会写诗的人还写了许多最美丽的诗篇，歌颂这只住在深湖旁边树林里的夜莺。

这些书流行到全世界。有几本居然流传

到皇帝手中。他坐在他的金椅子上，读了又读，不时点着头，因为那些关于皇城、宫殿和花园的细致描写使他读起来感到非常舒服。“不过夜莺是这一切东西中最美的东西”，这句话却清清楚楚地摆在他面前。

“这是怎么一回事儿呀？”皇帝说，“夜莺！我完全不知道有这只夜莺！我的皇城里有这样一只鸟儿吗？而且这鸟儿居然就在我的花园里？我从来没有听说过这件事！这件事我居然只能从书本上读到！”

于是他把他的侍臣召来。这位侍臣是一个高贵的人物。任何比他位置低的人，只要敢于跟他讲话或者问他一件什么事情，他总是简单地回答一声：“嗯！”——而这个字眼却没有任何意义。

“据说这儿有一只叫作夜莺的奇异的鸟儿！”皇帝说，“人们都说它是我的伟大皇城里最珍贵的东西。为什么从来没有人在我面前提起过它呢？”

“我从来没有听到过它的名字，”侍臣说，“从来没有人把它进贡到宫里来！”

“我命令：今晚必须把它找来，在我面

前唱歌，”皇帝说，“全世界都知道我有什么好东西，而我自己却不知道！”

“我从来没有听到过它的名字，”侍臣说，“我得去找找它！我得去找找它！”

不过到什么地方去找这只鸟儿呢？这位侍臣在台阶上走上走下，在大厅和长廊里跑来跑去，但是他所遇见的人都说没有听到过什么夜莺。于是侍臣只好跑回到皇帝那儿，说这一定是写书的人捏造的一个神话。

“陛下请不要相信书上所写的东西。这些东西大都是无稽之谈——也就是所谓的‘胡说八道’。”

你觉得大臣的话有道理吗？

“不过我所读过的那本书，”皇帝说，“是别的国家的皇帝送来的，因此绝不可能是捏造的。我要听听夜莺歌唱！今晚必须把它找来！我下圣旨把它找来！如果它今晚来不了，宫里所有的人，一吃完晚饭就要在肚皮上结结实实地挨几下！”

“钦佩[①]！”侍臣说。于是他又在台阶上走上走下，在大厅和走廊里跑来跑去。宫里

---

① 钦佩：这是安徒生所引用的汉语的一个词语的译音，原文是“jsing — pe”。

有一半的人在跟着他乱跑，因为大家都不愿意在肚皮上挨揍。

于是他们便开始调查研究，探寻这只奇异的夜莺——这只除了宫廷的人以外大家全都知道的夜莺。

最后他们在厨房里碰见一个穷苦的小女孩。她说："哎呀，原来你们要找夜莺呀！我跟它再熟悉不过，它唱得很好听。每天晚上大家准许我把桌上的残羹剩饭带回家去，送给我可怜的生病的母亲——她住在海边。当我在回家的路上走得疲倦了，就在树林里休息一会儿，那时我就听到夜莺在唱歌。我的眼泪就流出来了，我觉得好像我的母亲在吻我似的！"

"小丫头！"侍臣说，"我将设法为你在厨房里弄一个固定的职位，还要使你得到看皇帝吃饭的特权。但是你得把我们带到夜莺那儿去，因为它今晚得在皇帝面前表演一下。"

这样，他们就一起走到夜莺经常唱歌的那个树林里去。宫里一半的人都出动了。他们正走着的时候，一头母牛开始叫起来。

"呀！"一位年轻的贵族说，"现在我

们可听到夜莺叫了！这么一个小动物，它的声音倒是特别洪亮！我以前在什么地方也听到过这声音。”

“错了，这是牛叫！”厨房里的小女用人说，“我们离那块地方还远着呢。”

现在，沼泽里的青蛙叫起来了。

“美极了！”宫廷里的祭司说，“现在我算是听到夜莺叫了——听起来很像庙里的钟声。”

“错了，这是青蛙的叫声！”厨房里的小女用人说，“不过，我想我们很快就可以听到夜莺歌唱了。”

接着夜莺开始唱了起来。

“这才是呢！”小女用人说。“听啊，听啊！它就栖在那儿。”

她指着树枝上一只小小的灰色鸟儿。

“这可能吗？”侍臣说，“我从来就没有想到它会是那么一副样儿！你们看它多么平凡啊！这一定是因为它看到有这么多的官员在旁边，吓得失去了光彩的缘故。”

“小小的夜莺！”厨房里的小女用人高声喊道，“我们仁慈的皇上希望你到他面前去唱唱歌。”

“我非常高兴！”夜莺说，于是它就唱起动听的歌来。

“这声音像玻璃钟响！”侍臣说，“你们看，它的那个小歌喉唱得多么好！说来也稀奇，我们以前从来没有听到过它。这鸟儿到宫里去一定会逗得大家喜欢！”

“还需要我再在皇上面前唱一次吗？”夜莺问，因为它以为皇帝就在场呢。

“我的小夜莺啊！”侍臣说，“我感到非常荣幸，想邀请你到宫里去参加一个晚会。你得用你美妙的歌喉去使皇上快乐。”

想一想，这句话在文中起什么作用？

“我的歌只有在绿色的树林里才能唱得最好！”夜莺说。不过，当它听说皇帝希望见它的时候，它还是去了。

宫殿被装饰得焕然一新。瓷砖砌的墙和铺的地，在无数金灯的亮光照耀下闪闪发亮。那些挂着银铃的、最美丽的花朵，现在都被搬到走廊上来了。走廊里有许多人跑来跑去，卷起一阵微风，使所有的银铃都叮当叮当地响起来，弄得人们连自己说的话都听不见。

在皇帝坐着的大殿中央，人们竖起了一根金制的栖柱，好使夜莺能歇在上面。宫里的人全都来了，厨房里的那个小女用人也得到了特许站在门后伺候，因为她现在已经获得了真正的“厨仆”的称号。大家都穿上了最好的衣服。每个人都望着这只灰色的小鸟。

皇帝对它点点头。

于是这只夜莺就唱起来了。它唱得那么好听，连皇帝的眼里也不禁流出泪来，一直流到他的脸上。这只夜莺唱得越来越好听，它的歌声打动了皇帝的心弦。皇帝显得那么高兴，甚至下令要把他的金拖鞋挂在这只鸟儿的颈上。不过夜莺谢绝了，说它得到的报酬已经够多了。

“我看到了皇上眼里的泪珠——这对我来说是最宝贵的东西。皇帝的眼泪有一种特别的力量。我得到的报酬已经不少了！”于是它用甜美幸福的声音又唱了一次。

“我从来没有见过这种可爱的撒娇的样子！”在场的一些宫女说。有人跟她们讲话的时候，她们就故意把水倒在嘴里，弄出咯咯的响声来。她们以为她们也是夜莺。小厮和宫女们也发表意见，说他们也很满意——这种评语很不简单，因为他们是最不容易得到满足的一些人物。一句话，夜莺获得了极大的成功。

夜莺现在要在宫里住下来，有它自己的笼子了。它现在只有白天出去两次和夜间出去一次散步的自由，每次总有十二个仆人跟着。他们牵着系在它腿上的一根丝线，而且老是牵得很紧。像这类的出游并不是一桩轻松愉快的事情。

侧面烘托夜莺所到之处，大受欢迎。它的歌唱给所有的人，包括穷苦的渔夫、帮厨的小女孩，甚至是皇帝。

整个京城里的人都在谈论着这只奇异的鸟儿。当两个人遇见的时候，一个总是说“夜”，另一个总是接着说“莺”。于是他们就互相叹一口气，彼此心照不宣。有十一个小贩的孩子都起了“夜莺”这个名字，不过他们谁也唱不出一个调子来。

故事的转折由此开始。

有一天皇帝收到了一个大包裹，上面写着“夜莺”两个字。

“这又是一本关于我们这只名鸟的书！”皇帝说。

不过这并不是一本书，而是一件装在盒

子里的工艺品——一只人造的夜莺。它跟天生的夜莺一模一样，不过它全身镶满了钻石、红玉和碧玉。这只人造的鸟儿，只要上好发条，就能唱出一支真夜莺所唱的歌；同时它的尾巴还能上下地动着，射出金色和银色的光来。它的颈上挂着一根美丽的小丝带。

“这只鸟儿真是好看！”大家都说。送来这只人造夜莺的人马上就获得了一个称号，叫作“皇家头号夜莺使者”。

“现在让它们在一起唱吧，那将是多么好听的双重奏啊！”

这样，这两只鸟儿就得在一起唱了，不过这个办法却行不通，因为那只真正的夜莺是按照自己的方式随意唱的，而这只人造的鸟儿却只能唱“华尔兹舞曲”那个老调。

“只能”一词突出人造的鸟儿所唱的歌曲太单调！

“这不能怪它，”乐师说，“它唱得非常合拍，而且是属于我的这个学派。”

现在这只人造的鸟儿只好单独唱了。它所获得的成功，跟那只真的夜莺一样；并且，外表还要漂亮得多——它像金手镯和金领扣那样闪着光。

它把同样的调子唱了三十三次，还不觉

得疲倦。大家都愿意再继续听下去，不过皇帝说那只活的夜莺也应该唱点儿什么东西才好。可是它到什么地方去了呢？谁也没有注意到它已经飞出了窗子，回到它的青翠的树林里去了。

“这是怎么一回事儿呀？”皇帝说。

所有的朝臣都咒骂那只夜莺，说它是一个非常忘恩负义的东西。

“我们总算是有了一只最好的鸟了。”他们说。

因此那只人造的鸟儿又得唱起来了。他们把那个同样的曲调又听了第三十四次。虽然如此，他们还是记不住，因为这是一个很难的调子。乐师把这只鸟儿大大地称赞了一番。“是的，”他很肯定地说，“它比那只真夜莺要好得多！不仅就它的羽毛和许多钻石来说要好得多，同时就它的内部构造来说，也要好得多。”

“因为，淑女和绅士们，特别是皇帝陛下，你们各位要知道，你们永远也猜不到一只真夜莺会唱出什么歌来；然而在这只人造夜莺的身体里，一切却早就安排好了。要它唱什么调子就能唱什么调子！你可以说出一个道理来，可以把它拆开，可以看出它的内部结构。你可以知道它的华尔兹舞曲会从什么地方起，会到什么地方止，唱完以后又会有什么别的曲调接上来。”

“这正是我们所要求的。”大家都说。

于是乐师就被批准下星期天把这只鸟儿公开展览，让民众看一下。皇帝说，老百姓也应该听听它的歌。后来他们真的听到了，都非常满意，快活得像喝茶的时候一样——因为喝茶是中国的风俗。他们都说：“哦！”同时竖起他们的拇指，点点头。

可是听到过真正夜莺唱歌的那个渔夫却说：“它唱得倒也不坏，很像一只真鸟儿，不过它似乎总缺少了一种东西——虽然我不知道缺少的究竟是什么！”

聪明的你知道人造的夜莺缺少什么东西吗？

真正的夜莺被赶出这个国家去了。

那只人造夜莺在皇帝床边的一块丝垫子上占了一个位置。它所得到的一切礼品——金子和宝石——都被陈列在它的周围。在称号方面，它已经被封为“高等皇家夜间歌手”了。在等级上，它已经被提升到“左边第一名”

的位置，因为皇帝认为心房所在的左边是最重要的一边——即使是一个皇帝，他的心也是偏左的。乐师写了一部共有二十五卷的、关于这只人造鸟儿的书。这是一部用中国字写成的学问渊博、篇幅很长的书。大臣们都说他们读过了这部书，而且还懂得它的内容，因为他们都怕被认为是蠢材而在肚皮上挨揍。

整整一年过去了。皇帝、朝臣和其他的中国人都背得出这只人造鸟儿所唱的歌中每一个调儿。不过正因为现在大家都背得出来，大家就更欢喜这只鸟儿了。现在他们都可以跟它一起唱，而他们实际上也这么做了。街上的孩子们唱："吱——吱——吱——格碌——格碌！"皇上自己也这样唱。是的，这真是可爱得很！

不过一天晚上，正当这只人造鸟儿唱得起劲儿的时候，正当皇帝躺在床上静听的时候，这只鸟儿的身体里忽然发出一阵"嘎嘣嘎嘣"的声音来。有一件什么东西断了。"嘘——"的一声，所有的轮子都狂转起来，于是歌声也就停止了。

皇帝立即跳下床，命令把他的御医召来。不过这位御医又能有什么办法呢？于是大家又去请一个钟表匠来。经过一番磋商和研究以后，他总算把这只鸟儿勉强修好了。不过他说，这只鸟儿今后必须仔细保护，因为它里面的发条已经用坏了，要配上新的而又能奏出音乐的发条是一件困难的事。这真是一件悲哀的事情！这只鸟儿只能一年唱一次，而这还算用得太过火呢！不过乐师做了一个短短的演说，用的全是些难懂的字眼，说这只鸟儿跟以前一样好——因此它当然跟以前一样好……

为什么文中多次出现“乐师”这一形象？他像我们生活中的哪类人呢？

五个年头过去了。一件真正悲哀的事情终于在这个国家发生了，因为这个国家的人都很喜欢他们的皇帝，而他现在却病了，同时据说他将不久于人世。新的皇帝已经选好了。老百姓都跑到街上来，向侍臣探问他们的老皇帝的病情。

“唉！”侍臣说，摇摇头。

皇帝躺在他华丽的大床上，身体冷冰冰的，面色惨白。整个宫廷里的人都以为他死了，大家都跑到新皇帝那儿去致敬。男仆人都跑出来谈论这件事，宫女们开始准备盛大的咖啡会[1]。在大厅和走廊里，所有的地方都铺上了布，使得脚步声不至于响起来：所以这儿现在很是静寂，非常地静寂。可是皇帝还没有死：他僵直地、惨白地躺在华丽的床上——床顶上悬着天鹅绒的帷幔，帷幔上缀着厚厚的金丝穗子。顶上面的窗子是开着的，月亮照在皇帝和那只人造鸟儿的身上。

这位可怜的皇帝几乎不能呼吸了。他的胸口上好像压着什么东西，他睁开眼睛，看到死神坐在他的胸口上，并且还戴上了他的金王冠，一只手拿着他的宝剑，另一只手拿着他华贵的令旗。四周有许多奇形怪状的脑袋从天鹅绒帷幔的褶纹里偷偷伸出来：有的很丑，有的温和可爱。这些东西都代表皇帝所做过的好事和坏事。现在死神既然坐在他的心上，它们就特地伸出头来看他。

“你记得这件事吗？”它们一个接着一个地低语着，“你记得那件事吗？”它们告诉他许多事情，弄得他的前额冒出了许多汗珠。

① 宫女们开始准备盛大的咖啡会：“以茶待客”是中国的普遍习俗，而请朋友喝咖啡是欧洲的一种社交习惯。安徒生显然在这里弄错了。

“我不知道这些事！”皇帝说，“快把音乐奏起来！快把音乐奏起来！快把大鼓敲起来！”他叫着说，“别让我听到它们讲的这些事情！”

然而它们还是在不停地讲。死神对它们所讲的话点点头。

“把音乐奏起来呀！把音乐奏起来呀！”皇帝叫起来，“你这只贵重的小金鸟儿，唱吧，唱吧！我曾经送给你贵重的礼物，我曾经亲自把我的金拖鞋挂在你的颈上——现在请你唱呀，唱呀！”

可是那只鸟儿站着动也不动一下，因为没有谁来替它上好发条，而它不上好发条就唱不出歌来。不过死神继续用他空洞的大眼睛盯着皇帝。四周是静寂的，可怕的静寂。

皇帝濒临死亡的时候，人造的鸟儿却一动也不能动，与夜莺形成鲜明的对比。

这时候，正在这时候，窗外传来了最动听的歌声。这就是那只活的小夜莺，它栖在外面的一根树枝上。它听说了皇帝的惨境，现在特地来对他唱点安慰和希望的歌。当它唱着的时候，那些幽灵的面孔就渐渐变淡了；同时在皇帝孱弱的肢体里，血也开始流得快起来。甚至死神自己也开始听起歌来，同时说："唱吧，小小的夜莺，请唱下去吧！"

"不过，你愿意给我那把美丽的金剑吗？你愿意给我那面华贵的令旗吗？你愿意给我那顶皇帝的皇冠吗？"

死神为了换取一支歌，把这些宝贵的东西都交了出来。于是夜莺不停地唱下去。它歌唱着那安静的墓地——那儿生长着白色的玫瑰花，那儿接骨木树发出甜蜜的香气，那儿青草染上了哀悼者的眼泪。死神这时眷恋地思念起自己的花园来，于是他就变成了一股寒冷的白雾，从窗子里消逝了。

"多谢你！多谢你！"皇帝说，"你这只神圣的小鸟！我现在懂得你了。我把你从我的国土上赶出去，而你却用歌声把那些邪恶的面孔从我的床边驱走，同时也把死神从我的心中赶走。我将用什么东西来报答你呢？"

"您已经报答我了！"夜莺说，"我第一次唱歌的时候，我从您的眼里得到了您的泪珠——我永远不会忘记这件事。一滴眼泪就是一颗珠宝——它可以使一个歌者心花开放。不过现在请您睡吧，请您保养精神，健康起来吧。我要再为您唱一支歌。”

于是它唱起来——皇帝很甜蜜地睡着了。啊，这一觉是多么温暖、多么愉快啊！

当他醒来感到神志清醒、体力恢复了的时候，太阳从窗子里照射进来，正照在他的身上。他的侍从一个也没有来，因为他们都以为他已经死了。但是夜莺仍然站在他的旁边，唱着歌。

“请你永远跟我住在一起吧，”皇帝说，“你喜欢怎样唱就怎样唱。我要把那只人造鸟儿撕成一千块碎片。”

当皇帝恳请夜莺留下时，夜莺会同意吗？

“请不要这样做吧，”夜莺说，“它已经尽了它最大的努力，让它仍然留在您的身边吧。我不能在宫里筑一个窠住下来；不过，当我想来的时候，请您就让我来吧。我将在黄昏的时候栖在窗外的树枝上，为您唱支什么歌，叫您快乐，也叫您深思。我要歌唱那些幸福的人和那些受难的人。我将要唱出隐藏在您周围的善和恶。您的小小的歌鸟现在要到远方去了。它要飞到那个穷苦的渔夫身旁去，飞到农夫的屋顶上去，飞到住得离您和您的宫廷很远的每个人身边去。比起您的王冠来，我更爱您的心；然而王冠却也有它神圣的一面。我将会再来，为您唱歌——不过我要求您答应我一件事。”

“什么事都成！”皇帝说。他亲自穿上朝服站在那儿，同时把他那把沉重的金剑按在心上。

“我要求您一件事：请您不要告诉任何人，说您有一只会把什么事情都讲给您听的小鸟。只有这样，一切才会变得美好。”

于是这只夜莺就飞走了。

侍从们都进来想要瞧瞧他们死去了的皇帝——是的，他们都站在那儿，而皇帝却说：“早安！”

（叶君健／译）

《夜莺》是丹麦作家安徒生创作的唯一一篇以中国为背景的童话。它讲述了一个发生在中国的故事：夜莺美妙的歌声打动了皇帝，因此成为皇帝的宠儿。但不久，一只能发出曼妙乐声且珠光宝气的人造夜莺获得了更多赞美，于是真夜莺飞回青翠的树林中去了。然而，当皇帝面临死神的威胁时，人造夜莺却唱不出一个音符，还是真夜莺用婉转的歌声帮他驱走了死神。

作者将真假夜莺放在一起，比较的意味相当明显。真夜莺唯一的期望就是让它回到大自然中去，为一切需要它的人歌唱。而人造夜莺呢，它似乎缺少了一种什么东西。请你读后想一想，它到底缺少什么？

1. 小溪流的歌

⊙严文井

小溪流有一支歌，是永远唱不完的。

一条快活的小溪流哼哼唱唱，不分日夜地向前奔流。山谷里总是不断响着他歌唱的回声。太阳出来了，太阳向着他微笑。月亮出来了，月亮也向着他微笑。在他清亮的眼睛里，世界上所有的东西都像他自己一样新鲜、快乐。他不断向他所遇到的东西打招呼，对他们说：“你好，你好！”

小溪流一边奔流，一边玩耍。他一会儿拍拍岸边五颜六色的卵石，一会儿摸摸沙地上才伸出脑袋来的小草。他一会儿让那些漂浮着的小树叶打个转儿，一会儿挠挠那些追赶他的小蝌蚪的痒痒。小树叶不害怕，轻轻转了两个圈儿，就又往前漂。小蝌蚪可有些怕痒，就赶快向岸边游；长了小腿的蝌蚪还学青蛙妈妈慌张地蹬开了腿。

小溪流笑着往前跑。有巨大的石块拦住他的去路，他就轻轻跳跃两下，一股劲儿冲了下去，什么也阻止不了他的奔流。他用清亮的嗓子歌唱，山谷里不断响着的回声也是清脆的，叫人听了就会忘记疲劳和忧愁。

小溪流在狭长的山谷里奔流了很久，后来来到了一个拐弯的地方。那里有一截枯树桩，还有一小片枯黄的草。枯树桩年纪很老，枯黄的草也不年轻。他们天天守在一起，就是发牢骚。他们觉得什么都不合适，什么都没有意思。后来连牢骚也没有新的了，剩下来的只有叹气。他们看着活泼愉快的小溪流奔流过来，觉得很奇怪，就问他：

"喂，小溪流！这么高兴，到哪儿去呀？"

小溪流回答：

"到前面去，自然是到前面去呀！"

枯树桩叹口气说：

"唉，唉！忙什么呀，歇会儿吧！"

枯黄的草也叹口气说：

"唉，唉！累坏了可不是玩儿的，就在这儿待下来吧。这儿虽然不太好，可也还不错。"

小溪流看着他们笑了笑：

"为什么呀？就不！不能够停留！"

一转眼，小溪流就把他们丢在后面了，他又不住地往前奔流。前面出现了村庄，村庄里有水磨等着他去推动。

小溪流就这样不知疲倦地奔流，奔流，渐渐又有些旁的小溪流来同他汇合在一起，小溪流就长大了。

于是，由小溪流组成的一条小河，欢声地歌唱着，不分早晚地向前奔流。他精神旺盛，精力饱满，向着两边广阔的原野欢呼。他翻腾起水底沉淀的泥沙，卷起漂浮的枯树枝，激烈地打着回旋。他兴致勃勃地推送着木排，托起沉重的木船向前航行。什么也阻止不住他的前进。前面有石滩阻碍他，他就大声吼叫着冲过去。小河就这样奔流，不断向前奔流。

有一只孤独的乌鸦懒懒地跟着他飞行了一阵。乌鸦看见小河总是这样活跃，这样匆忙，觉得很奇怪，就忍不住问：

“喂，小河！这么忙，到哪儿去呀？”

小河回答：

“到前面去呀。”

乌鸦往下飞，贴近了他，恐吓他说：

“嘿，别高兴！还是考虑考虑吧，前面没有好玩意儿。”

小河没忘记自己原来是小溪流，他笑了一笑：

“为什么？才不听你的咧！就不能停留！”

乌鸦生气了，一下说不出话来，就只叫：

“呀！呀！呀！”

小河很快就把乌鸦丢在后面，又不住地往前奔流。前面出现了水闸，等着他去推动发电机。小河高高兴兴地做了一切他该做的工作。再前面又出现了城市。

小河不知疲倦地奔流，奔流，就这样先先后后又有些旁的小河同他汇集在一起，小河就长大了。

于是，一条大江低声吟唱着，不分时刻地向前奔流。他变得十分强壮，积蓄了巨大无比的精力。他眺望着远远隐在白云里的山峰，以洪亮而低沉的声音向他们打招呼。他不费力就掀起一阵阵汹涌的波涛，他沉着地举起庞大的轮船，帮助他们迅速航行。他负担着许多，可是他不感觉有什么负担。大江就这样奔流，不断向前奔流。

那些被波浪卷起、跟随大江行进的泥沙却感到累了，问：

“喂，大江！老这么跑，到底要往什么地方去呀？”

大江回答：

“还要到前面去呀。”

疲乏得喘不过气的泥沙愤愤地说：

“‘前面’‘前面’！哪有那么多‘前面’！已经走得差不多了，还是歇口气吧！”

大江的记性很好，他没有忘记自己原来是小溪流，轻轻地笑了笑：

“为什么？不行！不能停留！”

泥沙带着怨恨，偷偷地沉下去了，可是大江还是不住地奔流。许多天就好像一天，许多月就好像一个月，他经过了无数繁荣的城市和无数富足的乡村，为人们做了无数事情，终于最后来到了入海口。

大江还是不知道疲倦是怎么一回事，他奔流着，奔流着，永远向着前方。

于是，无边无际的蓝色海洋在欢乐地动荡着。海洋翻腾起白色的泡沫，热烈地向着四方欢唱。他是这样复杂，又是这样单纯；是这样猛烈，又是这样柔和。他一秒钟也不停止自己的运动。

在海底，一只爬满了贝壳的、朽烂得只剩一层发锈的铁壳的沉船，早已不耐烦海洋这无休无止的晃动了，悄悄地问：

“可以休息了吧，可以休息了吧？”

海洋记得住一切，他以和小溪流同样清亮的嗓子回答：

“休息？为什么？那可不成！”

他的无穷尽的波浪就这样一起一伏，没有头，也没有尾。月亮出来了，月亮向着他微笑。太阳出来了，太阳也向着他微笑。海洋感觉到整个世界所有的东西都好像近在他的身边。海洋更加激起了自己的热情。他不断涌起来，向上，向前，向着四面八方。无数圆溜溜的小水珠就跳跃起来，离开了他，一边舞蹈，一边飞向纯洁的蓝天。

巨大的海洋唱着小小的溪流的歌：

“永远不休息，永远不休息！”

小溪流的歌就是这样无尽无止，他的歌是永远唱不完的。

2. 盲孩子和他的影子

⊙金　波

他是一个盲孩子。

在他的世界里，没有光亮，没有色彩。

他是一个永远生活在黑夜里的孩子。

他无法亲近别的小伙伴，只能静静地坐在一旁，听他们说笑嬉戏。

他还喜欢听鸟儿黎明时的叫声，春风从耳边吹过的声音，连蜜蜂扇动翅膀的声音他也很喜欢听。

他的日子过得很寂寞。

他常常自言自语："谁跟我玩儿呢？"

"我跟你玩儿呀！"这一天，忽然有谁在他耳边轻轻地这样说。

"你是谁呀？"他扭过头惊奇地问。

"我是你的影子。"那声音很好听，也很和气。

盲孩子从没见过影子，他想象不出影子是什么样儿的。

影子向他解释着："我永远跟你在一起，你走到哪里，我就跟到哪里。"

“你长得什么样儿呢？”盲孩子又问。

“我长得和你一样。”影子高兴地回答。

它觉得这样回答太简单了，又补充道：“我像黑夜一样黑。我还有一双黑眼睛。”

它怕自己仍没有说清楚，接着又问道：“你知道黑颜色吗？”

盲孩子赶紧回答：“我知道。我每天看到的都是黑颜色。”

从此，影子常常牵着盲孩子的手，带着他去牧场听牛儿哞哞地叫、羊儿咩咩地叫，还攀上山坡去采摘野花野果，走过小木桥去听潺潺的流水声。

盲孩子似乎感受到了光明，看到了色彩。他很快乐。

有一天，他问影子：“请告诉我，你从哪里来？”

影子回答：“我从阳光里来，也从月光里来，还从灯光里来……”

“那么说，只要有亮光就有你了，是吗？”盲孩子觉得又新奇，又兴奋。

“是的。光明是我的母亲，是她让我来到你身边陪伴你的。”影子说这话的时候，觉得无比幸福。

盲孩子很受感动。他觉得影子的话带给他友情，带给他温暖。

快乐的日子就这样开始了。

无论他们走到哪里，人们都会对盲孩子这样说：“看，你有一个多么好的影子啊！”

每当听到人们这样夸赞他的影子，他总是告诉人们：“它不只是我的影子，它还是我的朋友。”

人们常常看到他俩在阳光下、月光下，像好朋友似的说说笑笑；在没有阳光，没有月光的夜晚，盲孩子就点起一盏灯。有了光明，影子就来了，它陪着他唱歌、讲故事。

夏天的一个夜晚，天气阴沉沉的，没有月光。盲孩子提着一盏灯，有影子陪伴着他走出家门。他们去一个宁静的林园里散步。

微风送来阵阵花香，还有夜鸟儿的叫声。

影子告诉他，今夜虽然没有月光，但天上的星星又多又亮。

这时候，从附近的丛林里飞来一只萤火虫，飘飘忽忽地，闪着幽幽的光。它朝着盲孩子飞来，在他的眼前缓缓地飞着。

“是什么在飞？”盲孩子停下脚步仔细听着，“我听见翅膀扇动的声音。”

影子告诉他，是一只萤火虫，一只小小的萤火虫。

盲孩子从来没见过萤火虫。

“萤火虫？就像很烫很烫的小火星吗？”盲孩子好奇地问。

“不，不。萤火虫是很美丽的闪着光的小虫子。它不烫人的。”影子给他解释着。

盲孩子仰起头来望着夜空，他什么也看不见，茫然地摇摇头。

影子把手伸出来，他想接住那只美丽的萤火虫。

这时候，萤火虫真的落在他的手上了。

“啊，萤火虫就在我的手上。”影子兴奋地告诉盲孩子，“你把它接过去，它一点儿也不烫手，真的不烫手。”

盲孩子伸出一只手，接过那只萤火虫。他只觉得手心里痒酥酥的，是一只小虫子在爬。

他情不自禁地把手掌挨近自己的眼睛，仔仔细细地看着，不停地眨巴着眼睛。他多么希望看见这只会发光的萤火虫啊！

他注视着他那一片漆黑的世界，就像深不见底的黑洞。

忽然，在他的“黑洞”里，他第一次看见一个淡淡的光点在他的手心里移动着。同时，他手心也感到痒酥酥的。

那光点渐渐地变亮了。他从没见过这样美丽的光。他分辨不清那是幽蓝的光，还是翠绿的光，他只知道，在他这永久的黑夜里，此时此刻有了一颗米粒儿大小的光点了。

他永久的黑夜消失了。

“啊，我看见它了，萤火虫，小小的萤火虫！它像一盏小小的灯。”盲孩子几乎是在大声喊叫着，他从来没这样快乐过。

影子也高兴地笑了。

那一夜，萤火虫陪伴他们玩了很久很久，一会儿从手掌上飞起，给他们带路，走近一丛蔷薇花；一会儿又落在手掌上，闪闪发光。

夜深了，萤火虫向他们告别，飞进了一片寂静的树林。

当盲孩子提着他的灯，灯光里有他的影子陪伴着他往家走的时候，他的心情好极了。因为今天他看见了萤火虫的光，虽然那光模模糊糊，小得像小米粒儿，但毕竟是他亲眼看到的啊！

耳边的风越来越大了。他感觉到手里提的灯晃来晃去。

影子说：“天要下雨了，我们快些走吧！”

话音刚落，一声霹雳炸响，风夹着雨、雨带着风来了。

盲孩子手中的灯突然灭了。随后，影子也不见了。

盲孩子孤零零地一个人站在旷野上。

他呼唤他的影子，没有回应，听到的只有风声和雨声。他踉踉跄跄、跌跌爬爬地往家走，没走多远，他就跌倒在水坑里。

他坐在风雨里想：只有等到风停了，雨停了，太阳出来的时候，影子才会赶来吧？

过了很久很久，他感觉风小了，雨也小了。他似乎又听见了翅膀扇动的声音。声音越来越大。

“是你吗，萤火虫？”盲孩子向夜空大声问着。

“是我。”一只萤火虫在回答。

“是我们。”有几只萤火虫在回答。

“是我们一群萤火虫来了！”有好多好多萤火虫在回答。

在夏夜的微风细雨中，无数只萤火虫组合成一盏美丽明亮的灯，一会儿闪着幽蓝的光，一会儿又闪着翠绿的光。

在这美丽明亮的灯光里，影子又回来了。

盲孩子望着他的影子惊喜地叫起来：“啊！我的影子，是你吗？我好像看见你了！真的，我看见你了！”

他伸出双手，拉住了他这位黑色的好朋友，他们久久地拥抱在一起。

他身旁有那盏萤火虫组合的灯，还有他的影子伴随着他。

他们走过泥泞的旷野，踏上小路，走向家中。

风停了，雨停了，天晴了。

月亮出来了。今天的月亮特别亮。

又过了一会儿，太阳出来了。今天太阳出来得格外早。

月亮和太阳同时悬挂在天上。

还有那盏萤火虫灯。

这世间所有的光亮一齐照耀着盲孩子和他的影子。

他眼睛里的那个黑夜的世界，渐渐地泛起淡淡的光，像银亮的雾笼罩着周围的一切。不大工夫，那雾也消退了。

他看见了周围的一切！

他用惊奇的目光张望着这陌生而美丽的世界。他不但看见了太阳、月亮，还看见了那么多萤火虫组合的灯。

他还看见了天上出现了弯弯的彩虹。

他还看见了各种颜色的花朵。

还有绿草。还有草叶上明亮的露珠。

他的影子就站在他身边，和他手拉着手。

他转过脸，亲切地望着他这位朋友，影子也微笑着望着他。

他发现，他的影子慢慢褪去了黑色，变成了一个衣着美丽的孩子，也有着一样红润的圆脸、油亮的头发和大大的黑眼睛。

人们说，他们像一对孪生兄弟。

他俩说，我们都是光明的孩子。

3. 贪心人拿礼物

⊙〔德国〕格林兄弟

从前，造物主还在人间旅行的时候，有一天晚上，他疲倦了，没有赶到住宿的地方，天已经黑了。他面前有两所房子对立着：一所又大又漂亮，另一所又小又破旧。那所大的是一个富人的，小的是一个穷人的。

造物主想："我到富人家里去，不致叫他受累，我要在他家里过夜。"富人听到有人敲门，打开窗户，问那陌生人有什么事。造物主回答说："我请求住一夜。"

富人把旅行者从头到脚瞧了一瞧。因为造物主穿着朴素的衣服，不像一个口袋里有很多钱的人，他摇头说："我不能接待你，我的房间里堆满了蔬菜和种子；如果我让每个敲门的人都来过夜，那我自己就要去讨饭了。你到别处去过夜吧！"他一面说一面关窗户，让造物主离开。

造物主转过身去，走到小房子跟前。他刚一敲门，穷人便打开他的小门，请造物主进去。他说："你就在我家过夜吧，天已经黑了，你不能再走了。"

造物主很高兴，就走进去。穷人的妻子和他握手，欢迎他，叫他不要客气，将就一些。他们的东西不多，但是他们非常愿意把所有的都拿出来。她把洋山芋放到火旁，在煮洋山芋的时候，她还挤了一点儿羊奶。饭菜做好了，造物主坐下来同他们一起吃，饭菜虽然平常，但是造物主觉得味道很好，因为还有愉快的面容陪着他。

他们吃过晚饭，要去睡觉的时候，妻子暗地向她的丈夫说："亲爱的丈夫，我们自己今夜铺一个草垫睡吧，让可怜的旅客睡在我们的床上休息。他走了一整天的路，一定很疲倦。"丈夫回答说："是的，我们让床给他。"他走到造物主跟前，请他睡到他们的床上，好好休息。造物主不想占他们的床铺，但是他们不肯，直到他答应睡到他们的床上为止；他们自己在地上铺了一个草垫睡。

第二天早晨，天还没有亮，他们就起床了，用他们所有的好东西给客人做了一顿早饭。太阳从小窗户照到房里，造物主起来同他们一起吃饭，然后就赶路去了。

他站在门口，转过身来说："因为你们有同情心，很虔诚，你们可以许愿三件事，我要替你们办到。"穷人说："我只希望：第一，我们要永久幸福；第二，我们两人终身健康，衣食不缺；第三——我就不知道希望什么了。"造物主说："你不希望年老的时候住一所新房子吗？"穷人说："哦，是的，如果我能够有一所新房子，那我会很高兴。"于是造物主满足了他们的愿望，把他们的旧房子变成了新房子，又向他们祝福，然后走了。

富人起来的时候，天已经大亮。他的两臂靠在窗户上，看见原来是旧草棚的地方，现在是一所干净的新房子，顶上盖着红瓦。他睁大了眼睛，喊他的妻子过来，说：“你告诉我，这是怎么一回事？昨晚还是旧草棚，今天怎么变成了一所漂亮的新房子？你跑去打听一下，看是怎么回事。”富人的妻子去问穷人，穷人说：“昨天晚上来了一个旅行的人，他在我家住了一夜，今天早晨他走的时候，答应了我们三个愿望：一是永远幸福，二是终身健康、衣食不缺，三是把我们的旧草棚变成漂亮的新房子。”富人的妻子赶快跑回去，一五一十地讲给她的丈夫。

富人说：“我恨不得把我自己毁灭了才好。但愿我早知道这件事！那陌生人先到我们这里来过，请求在我们家里过夜，但是我拒绝了他。”

妻子说：“你赶快骑上你的马，还可以赶上他，你也叫他答应你三个愿望。”

富人认为这是个好主意，他快马加鞭，赶上了造物主。富人很诚恳、客气地说，请他不要见怪，其实他没有马上请造物主进去，是因为他正在找钥匙开门的时候，造物主已经走了，如果造物主从原路回来，一定要到他家里过夜。造物主说：“是的，如果我回来，我就这样办。”富人问是不是准他和他的邻人一样，也发三个愿望。造物主说可以发愿，不过对富人没有好处，叫富人还是不发愿为好。

富人想，只要他的愿望能够实现，他一定要选增加幸福的东西。造物主说：“骑马回去，你发三个愿望，一定能够实现。”

富人达到了他的目的，骑马回家，仔细考虑他应该祈求什么东西。他正在想的时候，手里的缰绳松了，马开始跳跃，弄得他的思想不能集中。他敲马的颈项说：“利舍，安静些！”他这马却立了起来。最后他生气了，很不耐烦地叫道：“我希望你死掉！”他刚说完这句话，“扑通”一声，马就倒在地上死了，再不动弹了，于是第一个愿望实现了。他生来吝啬，舍不得鞍具，就把它剪了下来，系在背上，步行回家。

“我还有两个愿望。”他想着安慰自己。他在沙路上慢慢地走，中午的太阳很晒，令他厌烦。马鞍压着他的背，他还没有想到应该祈求些什么东西。他自言自语地说：“即使我祈求了世界上所有的财富和宝贝，以后我还是要想起这样那样的东西，这是当然的事，我要好好考虑，使我以后不再希望任何东西才好。”他好多次以为他想到了，但是他又觉得太少。他又想到他的妻子现在坐在一间凉爽的房间里吃东西，多么惬意。

他很生气，不知不觉地说：“我希望她在家里坐在鞍子上，不能下来，免得我背上扛着鞍子。”最后一个字说出口的时候，他背上的鞍子不见了，他觉得第二个愿望也实现了。

现在他热得更厉害，他开始跑，要回到家里去，非常安静地坐在房间里，想出一件伟大的东西，作为最后的愿望。他到家打开房门，看见他的妻子坐在鞍子上面，不能下来，正在号啕大哭。他说：“你放心，我要发愿把世界上的一切财富都给你，只管坐着吧。”妻子骂他是傻瓜，说：“如果我坐在鞍子上，世界上的一切财富对我有什么用？你发愿叫我上去了，你也应该帮助我下来。”

不管他愿意不愿意，他只得发第三个愿望，使妻子能够离开鞍子下来，这个愿望也马上实现了。

于是他除了烦恼、辛苦、咒骂和失掉了一匹马以外，什么东西都没有得到。但是那穷人夫妇，安静虔诚，一直到死为止，生活得都很愉快。

（樊彤/译）

“诗佛”王维

王维作为盛唐名重一时的诗人，早年思想较为开明积极，其诗歌题材颇广泛，政治诗、边塞诗、山水田园诗都有成就。但他晚年失意并信佛，过着吃斋念佛和半官半隐的生活，自称“晚年惟好静，万事不关心”，所作诗中常有虚无冷寂的情调，宣扬隐士生活和佛教禅理，故有“诗佛”之称。

4. 渔夫和金鱼的故事

⊙〔俄国〕普希金

从前有个老头儿和他的老太婆住在蓝色的大海边，他们同住在一所破旧的小木棚里，整整有三十又三年。老头儿出去撒网打鱼，老太婆在家里纺纱结线。有一次老头儿向大海撒下渔网，拖上来的只是些水藻。接着他又撒了一网，拖上来的是一些海草。第三次他撒下渔网，却网到一条鱼儿，不是一条平常的鱼——是条金鱼。金鱼竟苦苦哀求起来！她跟人一样开口讲："放了我吧，老爷爷，把我放回海里去吧！我给你贵重的报酬：为了赎身，你要什么我都依。"老头儿吃了一惊，心里有点害怕：他打鱼三十三年，从来没有听过鱼会讲话。他把金鱼放回大海，对她说了几句亲切的话："金鱼，上天保佑！我不要你的报偿，你游到蔚蓝的大海去吧，在那里自由自在地游吧。"

老头儿回到老太婆跟前，告诉她这桩天大的奇事："今天我网到一条鱼，不是平常的鱼，是条金鱼，这条金鱼会跟我们人一样讲话。她求我把她放回蔚蓝的大海，愿用最值钱的东西来赎回她自己——为了赎得自由，我要什么她都依。我不敢要她的报酬，就这样把她放回蔚蓝的大海里。”老太婆指着老头儿就骂：“你这傻瓜，真是个老糊涂！不敢拿金鱼的报酬！哪怕要只木盆也好，我们那只已经破得不成样啦。”

于是老头儿走向蓝色的大海，看到大海微微起着波澜。老头儿就对金鱼叫唤，金鱼向他游过来问道：“你要什么呀，老爷爷？”老头儿向她行个礼回答：“行行好吧，鱼娘娘，我的老太婆把我大骂一顿，不让我这老头儿安宁。她要一只新的木盆，我们那只已经破得不能再用。”金鱼回答说：“别难受，去吧，上天保佑你。你们马上会有一只新木盆。”

老头儿回到老太婆那儿，老太婆果然有了一只新木盆。老太婆却骂得更厉害：“你这傻瓜，真是个老糊涂！真是个老笨蛋，你只要了只木盆。木盆能值几个钱？滚回去，老笨蛋，再到金鱼那儿去，对她行个礼，向她要座木房子。”

于是老头儿又走向蓝色的大海，蔚蓝的大海翻动起来。老头儿就对金鱼叫唤，金鱼向他游过来问道：“你要什么呀，老爷爷？”老头儿向她行个礼回答：“行行好吧，鱼娘娘！老太婆把我骂得更厉害，她不让我这老头儿安宁，唠叨不休的老婆娘要座木房。”金鱼回答说：“别难受，去吧，上天保佑你。就这样吧，你们就会有一座木房。”

老头儿走向自己的小木棚，小木棚已变得无影无踪。他面前是座有敞亮房间的木房，有砖砌的白色烟囱，还有橡木板的大门，老太婆坐在窗口下，指着丈夫破口大骂："你这傻瓜，十足的老糊涂！老浑蛋，你只要了座木房！快滚，去向金鱼行个礼说：我不愿再做平凡的农妇，我要做世袭的贵人。"

老头儿走向蓝色的大海，蔚蓝的大海骚动起来。老头儿又对金鱼叫唤，金鱼向他游过来问道："你要什么呀，老爷爷？"老头儿向她行个礼回答："行行好吧，鱼娘娘！老太婆的脾气发得更大，她不让我这老头儿安宁。她已经不愿意再做农妇，她要做个世袭的贵妇人。"金鱼回答说："别难受，去吧，上天保佑你。"

老头儿回到老太婆那儿。他看到什么呀？一座高大的楼房。他的老太婆站在台阶上，穿着名贵的黑貂皮坎肩，头上戴着锦绣的头饰，脖子上围满珍珠，两手戴着嵌宝石的金戒指，脚上穿了双红皮靴子。勤劳的奴仆们在她面前站着，她鞭打他们，揪住他们前额上的头发。

老头儿对他的老太婆说："您好，高贵的夫人！想来，这回您的心总该满足了吧。"老太婆对他大声呵斥，派他到马棚里去干活。过了一星期，又过了一星期，老太婆胡闹得更厉害，又打发老头儿到金鱼那儿去。"给我滚，去对金鱼行个礼，说我不愿再做贵妇人，我要做自由自在的女皇。"

老头儿吓了一跳，恳求说："怎么啦，婆娘，你吃了疯药？你连走路、说话也不像样！你会惹得全国人笑话。"老太婆愈加冒火，她掴了丈夫一记耳光。"乡巴佬，你敢跟我顶嘴，跟我这世袭贵妇人争吵？——快滚到海边去，老实对你说，你不去，也得押你去。”

老头儿走向海边，蔚蓝的大海变得阴沉昏暗。他又对金鱼叫唤，金鱼向他游过来问道：“你要什么呀，老爷爷？”老头儿向她行个礼回答：“行行好吧，鱼娘娘，我的老太婆又在大吵大嚷，她不愿再做贵妇人，她要做自由自在的女皇。”金鱼回答说：“别难受，去吧，上天保佑你。好吧，老太婆就会做上女皇！”

老头儿回到老太婆那里。怎么，他面前竟是皇家的宫殿，他的老太婆当了女皇，正坐在桌边用膳，大臣贵族侍候她，给她斟上外国运来的美酒。她吃着花式的糕点，周围站着威风凛凛的卫士，肩上都扛着锋利的斧头。老头儿一看吓了一跳，连忙对老太婆行礼叩头，说道：“您好，威严的女皇！好啦，这回您的心总该满足了吧。”

老太婆瞧都不瞧他一眼，吩咐把他赶跑。大臣贵族一齐奔过来，抓住老头儿的脖子往外推。到了门口，卫士们赶来，差点儿用利斧把老头儿砍倒。人们都嘲笑他：“老糊涂，真是活该！这是给你点儿教训：往后你得安守本分！”

过了一星期，又过了一星期，老太婆胡闹得更加不成话。她派了朝臣去找她的丈夫，他们找到老头儿把他押来。老太婆对老头儿说：“滚回去，去对金鱼行个礼。我不愿再做自由自在的女皇，我要做海上的女霸王，让我生活在海洋上，叫金鱼来侍候我，叫我随便使唤。”

老头儿不敢顶嘴，也不敢开口违拗。于是他跑到蔚蓝色的海边，看到海上起了昏暗的风暴：怒涛汹涌澎湃，不住地奔腾、喧嚷、怒吼。老头儿对金鱼叫唤，金鱼向他游过来问道：“你要什么呀，老爷爷？”老头儿向她行个礼回答：“行行好吧，鱼娘娘！我把这该死的老太婆怎么办？她已经不愿再做女皇了，她要做海上的女霸王；这样，她好生活在汪洋大海，叫你亲自去侍候她，听她随便使唤。”

金鱼一句话也不说，只是尾巴在水里一划，游到深深的大海里去了。老头儿在海边久久地等待回答，可是没有等到，他只得回去见老太婆——一看：他面前依旧是那间小木棚，他的老太婆坐在门槛上，她面前还是那只破木盆。

（戈宝权 / 译）

5. 常读常新的人鱼公主

⊙毕淑敏

童话，并不只是给儿童读的。

我在成年之后，还常常读童话。每当烦心的时候，从书架上随手扯出的书，必是童话。比如安徒生的《海的女儿》，我就读过多遍，它也被翻译成“人鱼公主”。比较起来，我更喜欢“人鱼公主”这个名字。海的女儿，好像太阔大太神圣了些。人鱼呢，就显得神秘而灵动，还有一点点怪异。

大约 8 岁的时候，每一次读到人鱼公主的故事，读完后泪流满面，抽噎得不能自已。觉得那么可爱和美丽的公主，居然变成了大海上的水泡，真是倒霉极了。从此在很长一段时间内，看到了湖面上河面上甚至脸盆里的水泡就有些发呆（那时没有机会见到大海，只有在这些小地方寄托自己的哀思），心中疑惑地想，这一个水泡，是不是善良的人鱼公主变成的呢？看到风把小水泡吹破，更是分外伤感。读的过程中，最焦急的并不是人鱼公主的爱情，而是最疼她的哑。认定她无法说出话来，是一生未能有好结局的最主要的根源。突发奇想，如果有一个高明的医生，拿出一剂神药，给人鱼公主吃下，以对抗女巫的魔法，事情就完全是另外的结局了。而且还想出补救的办法，觉得人鱼公主应该要求上学去，学会写字。就算她原来住在海底，跟陆地上的国家用的文字不同，以她那样的聪慧，学会普通的表达，也该用不了多长时间吧？比如我自己，不过是个人类的普通的孩子，学了一二年级，就可以看童话了，以人鱼公主的天分，应该很快就能用文字把自己的身世写给王子看，王子看到了，不就真情大白了吗！

大约 18 岁的时候，又一次比较认真地读了人鱼公主。也许是情窦初开，这一次很容易地就读出了爱情。喔喔，原来，人鱼公主是一篇讲爱情的童话啊。你看你看，她之所以能忍受那么惨烈的痛苦，是为了自己所爱的人。她忍受了非人的折磨，在刀尖样的甲板上跳舞，她是宁肯自己死，也不要让自己所爱的人死。这是一种多么无私和高尚的不求回报的爱啊！我心里也在琢磨，那个王子真的可爱吗？除了长得英俊，有一双大眼睛之外，好像看不出有什么太大的本领啊。游泳的技术也不怎样，在风浪中要不是人鱼公主舍身相救，他是必死无疑了。他也没啥特异功能，对自己的救命恩人一点精神方面的感应也没有，反倒让一个宫殿里的女子坐享其成。当然啦，那个女孩子不知道内情，也就不怪她。但王子怎么可以这样的糊涂呢？况且，人鱼公主看他的眼神，一定是含情脉脉，他怎么就一点“放电”的感觉也没有呢？好呆！心里一边替人鱼公主强烈地抱着不平，一边想，哼！倘若我是人鱼公主，一定要在脱掉鱼尾变出双脚之前，设几个小计谋，好好地考验一下王子，看他明不明白我的心。因为从鱼变成人这件事，是单向隧道，过去了就回不来的。要把自己的一生托付出去，实在举足轻重。不过，真到了故事中所说的那种情况——由于王子的不知情，没有娶人鱼公主，公主的姊妹们从女巫那儿拿了尖刀，要人鱼公主把尖刀刺进王子的胸膛，让王子的鲜血溅到自己的双脚上，才能重新恢复鱼尾……局面可就难办了。思来想去，只有赞同人鱼公主对待爱情的方法，宁可自己痛楚，也要把幸福留给自己所爱的人……

到了 28 岁的时候，我已经做了妈妈，这时来读人鱼公主，竟深深地关切起人鱼公主的家人来了。她的母亲在生了 6 个女儿之后去世了，我猜这个女人临死之前，一定非常放心不下她的女儿，不论是最大的还是最小的，她一定是再三再四地交代给公主的祖母——老皇后，要照料她的孩子，特别是最小的女儿。老皇后心疼隔辈人，不单在饮食起居方面无微不至地看顾孩子们，而且还给她们讲海面上人类的故事。可以说，老皇后一点也不保守，甚至是学识渊博呢。当人鱼公主满 15 岁的时候，老皇后在她的尾巴上镶了 8 颗牡蛎，这是高贵身份的标志和郑重的成人典礼啊。当人鱼公主遇到了危难的时候，老皇后的一头白发都掉光了，她不顾年迈体弱，升到海面上，看望自己的孙女……我强烈地感受到了这位老奶奶的慈悲心肠和对人鱼公主的精神哺育。人鱼的勇气和聪慧，包括无比善良的玲珑之心，都不是从天上掉下来的，诸多得益于她的祖母啊！

到了38岁的时候，因为我也开始写小说，读人鱼公主的时候，不由自主地探讨起安徒生的写作技巧来了。我有点纳闷，安徒生在写作之前，有没有一个详尽的提纲呢？我的结论是——大概没有。似乎能看到安徒生的某种随心所欲，信马由缰。当然了，大的轮廓走向他是有的，这个缠绵悱恻一波三折既有血泪也有波浪的故事，一定是在他的大脑里酝酿许久了。但是，连读上几遍之后，感到结尾处好像有点画蛇添足。试想当年：安徒生很投入地写啊写，把这么好的一个故事快写完了，突然想起，咦，我这是给孩子们写的一个童话啊，怎么好像和孩子们没多少关系了？不行，我得把放开的思绪拉回来。他这样想着，就把一个担子，压到了孩子们的头上。他在故事里说：你喜欢人鱼公主吗？猜到小孩子们一定说——喜欢。然后他接着说，人鱼公主变成了水泡，你难过吗？断定大家一定说——难过。那么好吧，安徒生顺理成章地说，人鱼公主变成的水泡，升到天空中去了，她在空中听到一个低低的声音告诉她，300年之后，她就可以为自己造一个不朽的灵魂了。300年，当然是一个很久很久的时间了。不过，幸好还有补救的办法，那就是——如果人鱼公主在空中飞翔的时候，看到一个能让父母高兴的小孩子，那么她获得不朽灵魂的时间就会缩短。如果她看到了一个顽皮又品行不好的孩子，就会伤心地落下泪来，这样，她受苦受难的时间就会延长……我不知道安徒生是否得意这个结尾，反正，我有点迟疑。干吗把救赎工作交到每一个读过人鱼公主的故事的小孩子身上啊？是不是太沉重了？

现在，我 48 岁了。为了写这篇文章，又读了几遍人鱼公主。这一次，我心平气和，仿佛天眼洞开，有了一番新的感悟。这是一篇写灵魂的故事。无论海底的世界怎样瑰丽丰饶，因为没有灵魂，所以人鱼公主毅然离开了自己的亲人。她本来把希望寄托在一个爱她能胜过爱任何人的王子身上，那么王子就可以把灵魂分给她，她就从王子手里得到了灵魂。为了这份与灵魂相关联的爱情，人鱼公主付出了自己所能付出的一切，她的勇敢、善良、舍身为人……都在命运燧石的敲打下，大放异彩。但是，阴差阳错啊，她还是无法得到一个灵魂。人鱼公主是顽强和坚定的，她选定了自己的道路就绝不回头，终于，她得到了自己铸就一个灵魂的机会。在一个接一个严峻的考验之后，在肉体和精神的磨砺煎熬之后，人鱼公主谁都不再依靠，紧紧依赖着自己的精神，踏上了寻找不朽灵魂的漫漫旅途。

这个悲壮而凄美地寻找灵魂的故事，是如此地动人心弦，常读常新。有时想，当我 58 岁……68 岁……108 岁（但愿能够）的时候，不知又读出了怎样的深长？

单元学习任务

任务一

本单元文章篇幅较长，同学们可以快速阅读，把握故事的主要情节。记录阅读全文所用时间，想一想哪些因素影响了你的阅读速度，以后注意改进，提升快速阅读的能力。

篇目	全文用时	影响阅读的因素
皇帝的新衣		
夜莺		
小溪流的歌		
盲孩子和他的影子		
贪心人拿礼物		
渔夫和金鱼的故事		
常读常新的人鱼公主		

任务二

童话通过虚构的人物、情节来反映现实，或揭露生活中的假恶丑，或赞美人间的真善美，表达对美好生活的向往。童话给我们插上了想象的翅膀，让我们超越了自身的局限，引领我们换一种眼光看世界。请从本单元中任选一篇童话，分析想象和夸张在童话中的作用，和同学交流、研讨。

篇目：	
想象：	夸张：
总结：	

任务三

为了丰富校园学习生活，让学生感受童话的奇思妙想，体验虚构与想象的魅力，语文组准备联合校团委组织一次课本剧表演活动。请同学们从本单元中任选一篇童话，将其改编为课本剧，以小组（班级）为单位进行排练，做好参赛准备。

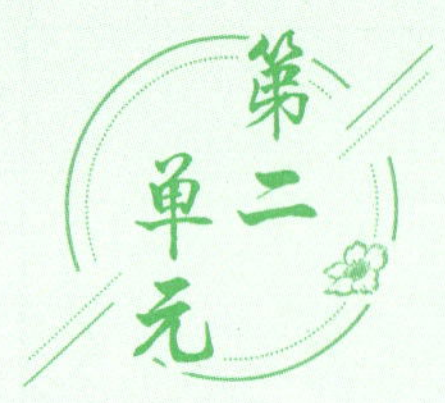

放飞思维

英国诗人雪莱认为："诗可以理解为'想象的表现'，自有人类便有诗。"培根则更简洁地表态："读史使人明智，读诗使人灵秀。"诗具有音韵美，语言富有节奏，高低有致，抑扬顿挫；诗具有建筑美，有节的匀称和句的齐整，形式优美。诗是世界上最美好的句子，凝练、精致。读诗的人、懂诗的人，自有一份看破岁月的宠辱不惊与气定神闲。

学习本单元，可以通过朗读感知诗歌。朗读时，要标出重音、停连、节奏，注明语气、语调、语速等，体会诗歌的音韵美。还要充分调动自己的联想和想象，先整体感知诗歌，再深入理清诗歌的脉络，理解诗歌形象化的语言，体会诗人的情思。

1. 静　夜

⊙郭沫若

月光淡淡，
笼罩着村外的松林。
白云团团，
漏出了几点疏星。

第 1 节描绘了一幅极平常的画面，为下一节想象蓄势。

天河何处？
远远的海雾模糊。
怕会有鲛人在岸，
对月流珠？

此问极妙，这一问使全诗的境界得以拓宽和提升，使读者的视野扩展到广袤的宇宙之中。

想一想：鲛人为什么流泪？

这首小诗通过对月光、松林、白云、疏星、天河的描写，描绘出一幅月夜晚景图，表达了作者对时代的失望情绪，隐隐流露出对祖国、家乡和亲人的思念之情。诗歌写得清幽典雅，有着古典诗词的意境和韵味，如一首小夜曲，给人美的享受。

“怕会有鲛人在岸，对月流珠？” 鲛人在岸边流泪，是喜极而泣，还是伤心至极，抑或是有无穷的思念？同学们，我们也放飞思绪，和诗人一起大胆想象吧！

2. 就是那一只蟋蟀

⊙流沙河

台湾诗人 Y 先生说："在海外，夜间听到蟋蟀叫，就会以为那是在四川乡下听到的那一只。"

就是那一只蟋蟀
钢翅响拍着金风
一跳跳过了海峡
从台北上空悄悄降落
落在你的院子里
夜夜唱歌

诗的第 1 节是起兴，明确感情的发展方向。诗人用粗线条勾勒出一个鲜明的蟋蟀形象：钢翅响拍金风，一跳跳过海峡，夜夜唱歌。

就是那一只蟋蟀
在《豳风·七月》里唱过
在《唐风·蟋蟀》里唱过
在《古诗十九首》里唱过
在花木兰的织机旁唱过
在姜夔的词里唱过

为什么要说蟋蟀在古典诗词里唱过呢？有什么特殊意蕴吗？

劳人听过

思妇听过

就是那一只蟋蟀

在深山的驿道边唱过

在长城的烽台上唱过

在旅馆的天井中唱过

在战场的野草间唱过

孤客听过

伤兵听过

我们眼前仿佛出现了深山的驿道、长城的烽台、旅馆的天井、战场的野草，还有那哀怨的劳人、思妇、孤客、伤兵。这一系列意象构成一组厚重苍凉的历史画面。

就是那一只蟋蟀

在你的记忆里唱歌

在我的记忆里唱歌

唱童年的惊喜

唱中年的寂寞

想起雕竹做笼

想起呼灯篱落

想起月饼

想起桂花

想起满腹珍珠的石榴果

想起故园飞黄叶

想起野塘剩残荷

想起雁南飞

想起田间一堆堆的草垛

想起妈妈唤我们回去加衣裳

想起岁月偷偷流去许多许多

就是那一只蟋蟀

在海峡这边唱歌

在海峡那边唱歌

在台北的一条巷子里唱歌

在四川的一个乡村里唱歌

在每个中国人脚迹所到之处

处处唱歌

比最单调的乐曲更单调

比最谐和的音响更谐和

凝成水

是露珠

燃成光

是萤火

变成鸟

是鹧鸪

啼叫在乡愁者的心窝

仔细体会这一组排比句并思考：诗人想借此表达什么情感？

就是那一只蟋蟀
在你的窗外唱歌
在我的窗外唱歌
你在倾听
你在想念
我在倾听
我在吟哦
你该猜到我在吟些什么
我会猜到你在想些什么
中国人有中国人的心态
中国人有中国人的耳朵

反复吟咏诗歌，想一想：这里的“心态”“耳朵”指的是什么呢？

1982年7月10日在成都

学习提示

秋虫唧唧，惹人愁绪。这首诗中，小小的蟋蟀竟奏出一曲雄浑壮丽的大合唱，表达出血浓于水的中华情！这只蟋蟀，跳过海峡，在海峡这边唱，在海峡那边唱；日日唱，夜夜唱；月月唱，年年唱；唱一首思乡曲，唱一首民族凝聚的歌！

“你在倾听”，倾听什么？“你在想念”，想念什么？你我都在倾听祖国统一的脚步声，想念远方的亲人，期待团聚的那一天！

1. 采莲曲

⊙朱　湘

小船啊轻飘，
杨柳呀风里颠摇；
荷叶呀翠盖，
荷花呀人样妖娆。
日落，
微波，
金丝闪动过小河。
左行，
右撑，
莲舟上扬起歌声。

菡萏呀半开，
蜂蝶呀不许轻来，
绿水呀相伴，
清净呀不染尘埃。

溪间，
采莲，
水珠滑走过荷钱。
拍紧，
拍轻，
桨声应答着歌声。

藕心呀丝长，
羞涩呀水底深藏；
不见呀蚕茧，
丝多呀蛹裹中央？
溪头，
采藕，
女郎要采又疑犹。
波沉，
波升，
波上抑扬着歌声。

莲蓬呀子多，
两岸呀榴树婆娑，
喜鹊呀喧噪，
榴花呀落上新罗。
溪中

采莲，

耳鬓边晕着微红。

风定，

风生，

风飏荡漾着歌声。

升了呀月钩，

明了呀织女牵牛；

薄雾呀拂水，

凉风呀飘去莲舟。

花芳，

衣香，

消融入一片苍茫；

时静，

时闻，

虚空里袅着歌音。

2. 寻梦者

⊙戴望舒

梦会开出花来的，
梦会开出娇妍的花来的：
去求无价的珍宝吧。

在青色的大海里，
在青色的大海的底里，
深藏着金色的贝一枚。

你去攀九年的冰山吧，
你去航九年的旱海吧，
然后你逢到那金色的贝。

它有天上的云雨声，
它有海上的风涛声，

它会使你的心沉醉。

把它在海水里养九年，
把它在天水里养九年，
然后，它在一个暗夜里开绽了。

当你鬓发斑斑了的时候，
当你眼睛蒙眬了的时候，
金色的贝吐出桃色的珠。

把桃色的珠放在你怀里，
把桃色的珠放在你枕边，
于是一个梦静静地升上来了。

你的梦开出花来了，
你的梦开出娇妍的花来了，
在你已衰老了的时候。

3. 当一切入睡

⊙〔法国〕雨果

当一切入睡，我常兴奋地独醒，
仰望繁星密布熠熠燃烧的穹顶，
我静坐着倾听夜声的和谐；
时辰的鼓翼没打断我的凝思，
我激动地注视这永恒的节日——
光辉灿烂的天空把夜赠给世界。

我总相信，在沉睡的世界中，
只有我的心为这千万颗太阳激动，
命运注定，只有我能对它们理解；
我，这个空幻、幽暗、无言的影像，
在夜之盛典中充当神秘之王，
天空专为我一人而张灯结彩！

（飞白／译）

4. 星星们高挂空中

⊙〔德国〕海涅

星星们高挂空中，
千万年一动不动，
彼此在遥遥相望，
满怀着爱的伤痛。

它们说着一种语言，
美丽悦耳，含义无穷，
世界上的语言学家，
谁也没法将它听懂。

可我学过这种语言，
并且牢记在了心中，
供我学习用的语法，
就是我爱人的面容。

（杨武能／译）

单元学习任务

任务一

自主欣赏本单元的诗歌。独立阅读每首诗歌，记下你的初读感受；然后结合旁批、学习提示，查阅相关资料，记下你再读时的感受。如果还有问题解决不了，也请记录下来，和老师或者小组的其他同学进行交流探讨。

篇目	初读感受	再读感受	疑难问题
静夜			
就是那一只蟋蟀			
采莲曲			
寻梦者			
当一切入睡			
星星们高挂空中			

任务二

举办“与诗同行”诗歌朗诵会。以小组为单位，每位同学自选一首诗歌，可以选择本单元的诗歌，也可以从课外读物中选择。将选好的诗歌标出重音、停连、节奏，注明语气、语调、语速等，组内朗诵、交流、评价，然后推荐选手，精心设计朗诵形式，参加班级诗歌朗诵会。

把你最喜爱的诗歌（或者精彩片段）推荐给同学，说说自己喜爱的理由。

我最喜爱的诗歌推荐表	
篇目或者片段：	推荐理由：
推荐人：	

任务三

自己动手写写诗。参加诗歌朗诵会，是否点燃了你创作诗歌的激情？请调动你的情感体验，拿起手中的笔，自拟题目，创作一首小诗。

提示：你知道怎样写诗吗？回忆你的成长经历，想一想：有哪些让你念念不忘的人和事？生活中有哪些景物触动过你的思绪？对人生、对未来，你有哪些憧憬与渴望？可以模仿你喜欢的诗歌，发挥联想与想象，大胆尝试，体会创作的乐趣。

远古神话

神话是远古人类的童谣，是人类童年时期对自然的自圆其说，是心灵寻求慰藉和安宁的想象世界。古代的人无法用科学去解释这个世界和自然规律，只能借助想象和幻想，把自然和客观世界形象化。在中国古代神话中，女娲来到大地，抟土造人；在古希腊神话中，丢卡利翁和皮拉用边走边向后丢石块的方法，重新创造了人类……神话中这些“幼稚”的解释与描述，反映出古代人对天地宇宙和人类由来的原始观念。

阅读本单元文章，我们要体会联想和想象在神话中的作用，并学会在创作中恰当地运用。在阅读过程中，我们张开想象翅膀的同时也要有自己的思考：不同地域的人们对于相同事物的解读有哪些异同？哪些神话故事还在继续影响着我们现在的生活？……

1. 丢卡利翁和皮拉造人

⊙《希腊神话》

大地荒芜，一片泥泞，天地间如同坟墓一样死寂。丢卡利翁看着这一切，禁不住淌下了眼泪，对妻子皮拉说："亲爱的，我朝远处眺望，看不到一个活人。我们两个人是大地上仅存的人类，其他人都被洪水吞没了，可是，我们也很难生存下去。我看到的每一朵云彩都使我惊恐。即使一切危险都过去了，我们两个人在这荒凉的世界上，又能做什么呢？唉，要是我的父亲普罗米修斯教会我创造人类的本领，那该多么好啊！"妻子听他说完，也很悲伤，两个人不禁痛哭起来。他们没有了主意，只好来到半荒废的圣坛前跪下，向女神忒弥斯恳求说："女神啊，请告诉我们，该如何创造以后的人类。啊，帮助沉沦的世界再生吧！"

"离开我的圣坛，"女神回答说，"戴上面纱，解开腰带，然后把你们母亲的骸骨扔到你们的身后去！"

两个人听了这神秘的言语，十分惊讶，感到莫名其妙。皮拉首先打破了沉默，说："高贵的女神，宽恕我吧。我不得不违背你的意愿，因为我不能扔掉母亲的遗骸，我不想冒犯她！”

但丢卡利翁的心里却豁然明朗，他顿时领悟了，于是好言抚慰妻子说：“如果我的理解没有错，那么女神的命令并没有叫我们干不敬的事，大地是我们仁慈的母亲，石块一定是她的骸骨。皮拉，我们应该把石块扔到身后去！”

话虽这么说，两个人还是将信将疑，但他们想不妨尝试一下。

于是，他们转过身子，戴上面纱，再松开衣带，然后按照女神的命令，把石块朝身后扔去。

奇迹出现了：石块突然不再坚硬，而是变得柔软，逐渐成形。人的模样开始显现出来，可是还没有完全成形，好像艺术家刚从大理石上雕凿出来的粗糙的轮廓。石块上湿润的泥土变成一块块肌肉，结实坚硬的石块变成了骨头，石块间的纹路变成了人的脉络。令他们惊奇的是，丢卡利翁往后扔的石块都变成了男人，而妻子皮拉扔的石块全变成了女人。直到今天，人类并不否认他们的起源和来历。这是坚强、刻苦、勤劳的一代。

人类永远记住了他们是由什么物质造成的。

（郭凤英/译）

2. 盘古开天地[①]

⊙王浥箫

我们知道孩子是从妈妈肚子里出生的，那蓝天和大地是怎样出生的呢？

这个世界最初的模样，和我们现在见到的并不相同。最初，世界是一个被黑暗与寒冷包裹的云团，远看像是一个巨大的“鸡蛋”。

在“大鸡蛋”的中心，沉睡着一个小小的生命，就是盘古。

盘古在沉睡中慢慢长大，起初他只占据了“大鸡蛋”里的一点点空间，之后他越长越大，越长越高，一万八千年过去，盘古慢慢长成了一个和“鸡蛋”一样大的巨人。

被“蛋壳”挤压的盘古醒了过来，发现这个世界一片黑暗，别说是周围的环境了，他连自己的双手也看不清楚。他又试着叫喊了一声，却也听不见自己的声音。

这样一个没有声音、没有光线的世界，该有多么的苦闷啊！

---

① 本文选自朱大可主编的《中国神话故事集》。

焦急的盘古在黑暗中仔细摸索，居然摸到一把冰凉的斧子，这可把盘古高兴坏了。他想：“我可以用这把斧子把这个‘鸡蛋’劈开，看看外面是什么样子。”他抡起大斧子，向着混沌的黑暗用力一劈。

哗啦啦——轰隆隆——

几声巨响过去，“大鸡蛋”的外壳裂开，一道光线进入盘古的视线。

他看见一些又轻盈又清淡的东西在缓缓往上飘，变成了明亮的天空；一些既厚重又浑浊的东西纷纷往下降，变成了坚固的大地。就这样，天与地诞生了。

天地诞生之后，盘古担心它们会不断合拢，重新变成原本混沌一团的模样，就头顶着天，脚踩着地，用自己的身躯支撑着整个世界。

每天，盘古的身体都会长高一丈，天空也就跟着上升一丈，大地变厚一丈。一万八千年过去了，盘古长成了一个有九万里高的巨人，天空和大地也被他撑开九万里的距离，它们再也不会聚拢了。

孤独地站立了一万八千年的盘古累坏了，他放下双手，躺在大地上沉沉睡去。

他口中吐纳的气息变成了清风和云朵，他的声音变成了滚滚雷鸣，他的左眼变成了光辉万丈的太阳，右眼变成了皎洁无瑕的月亮。至于他的头发和胡须，则变成了在夜空中闪烁的星星，他流下的汗水，变成了滋润万物的雨水。我们现在所看到的天空，正是这样形成的。

盘古的贡献还不止这么简单，他的四肢变成了东、西、南、北四极，他的身躯变成了五方的高山丘陵，他的血液变成了江河湖海，筋脉形成了一条条道路，肌肉变成可以种植作物的田地，他的皮毛则变成了各种花草树木。

猜猜看，盘古的牙齿和骨头变成了什么？他的牙齿、骨头和骨髓，变成了各种有用的金属、坚硬的石头和温润的美玉。

开天的巨人永远地沉睡了，但他的心永远连接着这片天地，永远地守护着这个世界。

3. 倒霉的混沌

⊙聂作平

混沌是一个半神的名字，负责管辖中央天空，据说是天帝的亲儿子。混沌和管辖南海天空的倏以及管辖北海天空的忽是很好的朋友。

倏和忽经常到混沌那里，混沌每次都热情地接待他们。有时候，混沌高兴起来，还亲自到堂前为两位朋友跳舞助兴。

有一天，倏和忽不约而同地前往混沌家，半路上，他们相遇了。两人结伴同行，一路上说着闲话。

忽然，倏好像想到了什么。他问忽：“你不觉得混沌有些地方不对劲吗？”

忽是个粗心大意的神。他想了半天，也不觉得混沌到底哪里不对劲，就说：“他是有些特殊，比如他长得像鸟，有时候像黄布口袋，高兴时浑身比火还要红，而且有六只脚和四只翅膀……”

倏说：“不仅仅是这些表面的东西，还有更深层次的，你想想。”

忽想不出来，倏就启发他：

“我们的铁哥们儿像我们一样有两只眼睛吗？”

“没有。”

“我们的铁哥们儿像我们一样有两个鼻孔吗？”

“没有。”

“我们的铁哥们儿像我们一样有两只耳朵吗？”

“没有。”

“我们的铁哥们儿像我们一样有一个嘴巴吗？”

“没有。”

倏说：“这就对了呀，他没有眼耳口鼻，七窍连一窍都没有，美景不能看，佳肴不能吃，仙乐不能听，你说他活着还有什么意思呢？”

忽也觉得这个问题很严重，就问倏该怎么办。

倏告诉忽：“既然我们早就打算报答混沌，何不为他开凿七窍呢？只要我们两个协力就可以办到。我们不是各自都有一把时光之斧吗？就用它来做工具吧。”

忽高兴地同意了倏的提议。到了混沌家后，他们将这一打算告诉了混沌——我们无法知道他们是用什么方法告诉混沌的，因为正如他们在路上所说的那样，混沌是不能听也不能说的。而混沌当即表示同意，并大摆宴席，盛情款待两位恩同再造的好友。

当天晚上，倏和忽将他们随身带来的时光之斧细细地打磨，整夜都没有休息。第二天，天刚刚发亮，倏和忽就动起手来，他们俩先替混沌开凿了一只右眼。这样，混沌第一次看清楚了这个世界和自己好朋友的尊容。

就这样，倏和忽一连忙碌了六天，为混沌开出了六窍，只余下最后一个部位——嘴巴没有完成了。两个人为如此伟大的事业而欢欣鼓舞，眼看大功即将告成，这一天晚上，倏和忽喝得大醉。

第二天，日上三竿，倏和忽才晃晃悠悠地醒过来。他们眼看时间已晚，急忙抓紧时间动手。到了半夜时分，混沌的最后一窍——嘴巴，也大功告成了。

但倏和忽还来不及高兴，他们便发现坐在面前的混沌一动不动，用手一推，仍然不动。再推，他们惊讶地发现，混沌已经因为开了七窍而去世了。

倏和忽好心办了坏事，失去了最好的朋友，他们俩无比的伤心，以至于迁怒于手中的时光之斧，将它们扔到了人间。他们则去了一个没有人知道的地方，从此不再出现。

4. 共工触山

⊙樊 彤

水神共工是炎帝的后裔，与黄帝家族本来就矛盾重重。颛顼[①]接掌宇宙的统治权后，实行的政策不得人心，不仅不顾惜人类，而且还用强权压制其他派系的天神，以至于天上人间，怨声鼎沸。

共工见时机成熟，就约集心怀不满的天神们，决心推翻颛顼的统治，夺取主宰神位。反叛的诸神推选共工为盟主，并很快地组建成一支军队，轻骑短刃，突袭天国京都。

颛顼闻变，倒也不甚惊惶。他一面点燃七十二座烽火台的烽火，召四方诸侯疾速支援；一面点齐护卫京畿[②]的兵马，亲自挂帅，前去迎战。

一场激烈的战斗开始了，两股人马从天上厮杀到凡间，再从凡间厮杀到天上。几个来回过去，颛顼的部众越杀越多，人

---

① 颛顼（zhuān xū）：中国上古部落联盟首领，“五帝”之一，黄帝之孙。

② 京畿（jī）：指国都及其附近的地区。

形虎尾的泰逢[1]驾万道祥光由和山赶至，龙头人身的计蒙[2]挟疾风骤雨由光山赶至，长着两个蜂窝脑袋的骄虫[3]领毒蜂毒蝎由平逢山赶至。共工的部众越杀越少，他的大将浮游[4]的脖子被砍成重伤，披头散发，一只断臂也不知丢到哪儿去了；前来帮忙的王子夜的双手双脚、头颅胸腹甚至牙齿全被砍断，七零八落地散了一地。

随后，共工辗转杀到西北方的不周山下，当时他的身边仅剩一十三骑。他举目望去，不周山奇崛突兀，顶天立地，挡住了他们的去路。他知道，此山其实是一根撑天的巨柱，也是颛顼维持宇宙统治的主要凭借之一。

身后，喊杀声、劝降声接连传来，天罗地网已经布成。共工在绝望中发出了愤怒的呐喊，他甩过头，朝不周山拼命撞去，只听得“轰隆隆”的一阵巨响，那撑天拄地的不周山竟被他拦腰撞断，横塌下来。

天柱都被撞断了，整个宇宙也便随之发生了大变动：西北

---

① 泰逢：古代神话人物，出自《山海经》。他的外貌与人相似，但长着一条虎尾。他居住在萯（fù）山向阳的南坡，每当出入这座山时，身上都发出神奇的光彩。他具有变化莫测的法力，可以动天地之气。

② 计蒙：古代神话中的司雨之神，亦名雨师，长着龙头、人身、鸟爪，臂生羽毛，挥臂张口喷雾致雨。

③ 骄虫：据《山海经》记载，骄虫是平逢山的山神，身形似人，长有两个脑袋。它是螫虫的首领，也是一切蜂类动物的归宿之处。

④ 浮游：相传是共工的手下，在共工反颛顼失败之后自杀。

的天穹失去撑持而向下倾斜，使北方天顶的太阳、月亮和星星在原来位置上再也站不住脚，身不由己地挣脱束缚，朝低斜的西天滑去，成了我们今天所看见的日月星辰的运行线路，解除了当时人们所遭受的白昼永是白昼、黑夜永是黑夜的困苦。悬吊大地东南角的巨绳被剧烈的震动崩断了，东南大地塌陷下去，成了我们今天所看见的西北高、东南低的地势和江河东流、百川归海的情景。

共工氏的做法得到了人们的尊敬。在他死后，人们奉他为水师（司水利之神）。他的儿子后土也被人们奉为社神（即土地神），后来人们发誓时说“皇天后土在上”，“后土”指的就是他，由此可见人们对他们的敬重。

5. 夸父逐日

⊙《山海经》

夸父与日逐走[①]，入日；渴，欲得饮，饮于河、渭[②]；河、渭不足，北饮大泽。未至，道渴而死。弃其杖，化为邓林[③]。

译 文

夸父与太阳赛跑，一直追赶到太阳落下的地方；他感到口渴，想要喝水，就到黄河、渭水喝水；黄河、渭水的水不够喝，又去北方的大湖喝水。还没赶到大湖，就在半路渴死了。他遗弃的手杖，化成桃林。

① 逐走：赛跑。逐，竞争。走，跑。

② 河、渭：黄河、渭水。

③ 邓林：桃林。一说是地名，在今大别山附近，位于河南、湖北、安徽三省交界处。

6. 女娲补天

⊙《淮南子》

往古之时，四极[①]废，九州裂，天不兼覆[②]，地不周载[③]；火爁炎[④]而不灭，水浩洋而不息；猛兽食颛民[⑤]，鸷鸟[⑥]攫老弱。于是，女娲炼五色石以补苍天，断鳌足以立四极，杀黑龙以济冀州，积芦灰以止淫水。

苍天补，四极正；淫水[⑦]涸，冀州平；狡虫[⑧]死，颛民生。

---

① 四极：四方，指天的四边。上古的人认为天的四方尽头有撑天的柱子。

② 兼覆：全面地覆盖大地。

③ 周载：完全地容纳万物。周，普遍。

④ 爁炎（làn yàn）：火势蔓延的样子。爁，燃烧。炎，火花。

⑤ 颛民：善良的百姓。颛，善良。

⑥ 鸷（zhì）鸟：凶猛的鸟。

⑦ 淫水：泛滥的洪水。

⑧ 狡虫：凶猛的害虫。这里指猛兽。

译文

远古的时候，四方极远处撑天的柱子倒塌了，九州大地裂开了，天不能完全覆盖大地，大地不能遍载万物；大火蔓延不熄灭，洪水漫流不消退；猛兽捕食善良的百姓，猛禽抓走老人和小孩。在这种情况下，女娲炼了五色石头来补苍天，砍断大海龟的脚重新立起四方极远处的撑天柱，杀掉黑龙拯救中原，积聚芦灰止息洪水。

苍天补好了，四方的撑天柱端正了；洪水干涸了，中原平定了；猛兽猛禽死了，善良的百姓得以生存。

“诗鬼”李贺

李贺一生政治上不得志，且体弱多病，性格孤僻，心情抑郁不展，年仅 27 岁就离开了人世。李贺诗名早负，在他的作品中，最具特色的是描写神仙鬼魅的诗，想象诡异，形象新奇，意境幽冷神秘，构思不拘常法，形成一种奇崛幽峭的独特风格，故后人称他为“诗鬼”。

7. 神话，人类童年绚丽的诗篇

⊙贾 楠

神话是远古人类的童谣，是诗意浪漫的颂歌，是五彩缤纷的幻想曲，是人类童年时期对自然的自圆其说，是心灵寻求慰藉和安宁的想象世界。它更是人类从恐惧和无助中，在对抗死亡、瘟疫、灾害和无法预知的苦难时，编织出的鼓舞与希望的诗篇，让我们从中看到生命最初的力量和模样……

在遥远辽阔的地平线上，破晓的曙光，照亮了一片黑暗与混沌，也照亮了一双双睁大了的惊恐的眼睛。他们第一次凝视着大地，凝视着越来越盛大的黎明的曙光。他们手牵着手，跌跌撞撞、摇摇摆摆地站立了起来，用还不太稳健的双腿，踏出了人类文明史上的第一步，他们就是我们的祖先——人类。

我们很难去想象，100 多万年前的祖先，孤立地站在大地上的恐惧和惊慌。那头顶上刺眼的光轮是什么？那咆哮着的巨浪是什么？那在大地上奔跑着吃掉同伴的怪物是什么？那突然就暗下来的世界，又冷又黑，伴随着一道道白光和震耳欲聋的声音，是什么从天而降？他们惊慌失措，他们四处寻找，寻找着洞穴、寻找着果实、寻找着同伴，更寻找着可以给他们一个解释的答案。

于是洪水、瘟疫、战争和死亡紧紧地包围着处在人类童年时代的我们的祖先。他们该怎么做？有没有谁可以站出来帮助他们、指点他们？于是在沉思与寻找中，他们用最纯真的触摸与最单纯的思考找到了答案，最绚烂美丽的答案。之后他们会心一笑，学会了勇敢与坚强，懂得了顺应与征服，神话从此诞生……

就这样，英雄来了，拯救来了，征服来了，挑战来了，无畏来了，坚韧与永不服输也来了。

黑暗混沌，有盘古用石斧开天辟地，从此我们没有了黑暗。盘古倒下后，他的身体发生了巨大的变化。他呼出的气息，变成了四季的风和飘动的云；他发出的声音，化作了隆隆的雷声；他的双眼，变成了太阳和月亮；他的四肢，变成了大地上的东、西、南、北四极；他的肌肤，变成了辽阔的大地；他的血液，变成了奔流不息的江河；他的汗水，变成了滋润万物的雨露。

洪水肆虐，有女娲炼石补天，从此我们没有了恐惧。天空被修补了，天地四方的柱子重新竖立了起来，洪水退去，中原大地上恢复了平静。凶猛的鸟兽都死了，善良的百姓存活下来。女娲背靠大地、怀抱青天，让春天温暖、夏天炽热、秋天肃杀、冬天寒冷。她头枕着方尺，身躺着准绳，当阴阳之气阻塞不通时，便给予疏理贯通；当逆气伤物危害百姓积聚财物时，便给予禁止消除。从此天地就永久牢固了。

于是，我们有了气魄和信念，有了坚定和执着：有精卫之鸟可以填海，有夸父之勇可以逐日，有大禹之力可以治水，有后羿之箭可以射日。其实，那精卫、那夸父、那大禹、那后羿，是谁？不就是人类童年中幻想的自己吗？史诗般的自己，诗意浪漫的自己，拯救世界的自己，一往无前的自己，永不服输的自己……

就这样，人类在认识自然、征服自然、改造自然的过程中，也慢慢地从渴望被拯救，变成了征服和创造。

人类不再害怕和惊慌失措，童年里所有的记忆，就这样被书写成五彩缤纷的绚丽诗篇，还带着些许的感天动地。不是吗？

盗火的普罗米修斯，挑战着天神；倔强的西西弗斯，推动着信念；特洛伊木马，诠释着智慧；阿喀琉斯之踵，书写着勇武；丘比特射中了诗意的爱情；维纳斯的诞生，让人类第一次有了美的觉醒……

是的，觉醒，人类自我意识的觉醒。对世界的认知、对自然的改造、对外界的征服，都不是人类童年最迷人的财富。对自己的认知，自我力量的觉醒，才是人类领会到的最重要的意旨。

你看到了吗？你听到了吗？

人类童年最绚丽的诗篇，那就是我们最初的生命姿态。

寓言部落

寓言就是寓意于言，把意味深长的道理蕴藏在故事之中。它是“穿着外衣的真理”，这个“外衣”就是故事，“真理”就是蕴含在故事中的生活经验和道理。寓言的语言是直白、朴素、简洁的，但细细揣摩后，你会发现，这些简洁朴素的语言意蕴深刻，富有启示性。所以，我国著名儿童文学作家严文井说：“寓言是一个怪物，当它朝你走来时，分明是一个故事，生动活泼；而当它转身要走开的时候，却突然变成了一个哲理，严肃认真。”

学习本单元，要把握作品的寓意。有的寓意，文章中已经点出，阅读时要思考这个寓意是如何通过故事来体现的，结合生活经验谈谈自己的理解；有的寓意，文章中没有明确点出，这就需要在理解文意的基础上自己进行概括。

1.《伊索寓言》二则

⊙〔古希腊〕伊索

蚂蚁和蝉

冬天，蚂蚁翻晒受潮的粮食，一只饥饿的蝉向他乞讨。蚂蚁对蝉说：“你为什么不在夏天储存点粮食呢？”蝉回答说：“那时我在唱悦耳的歌曲，没有工夫。”蚂蚁笑着说：“如果你夏天唱歌，冬天就去跳舞吧！”

这故事是说，凡事都要预先有准备，才能防患于未然。

凡事预则立，不预则废。

（王焕生 / 译）

驴和狼

驴在牧场上吃草，看见狼向他走来，便装作瘸腿的样子。

狼来到驴跟前，问驴的腿是怎么瘸的，驴回答说：“过篱笆时脚上扎了刺。”

驴劝狼首先把那刺拔出来，然后再吃他，免得吃的时候被卡住。

狼对驴的话信以为真，便举起驴的那条腿，聚精会神地察看驴蹄。

这时，驴一脚踹向狼的嘴，把狼的牙齿都踹掉了。

狼痛苦难忍，说：“我这是活该，父亲教我当屠夫，我自己为什么要行医呢？”

如果站在驴的角度，可以得到怎样的启示呢？

同样，有些人从事不适合自己的事情，自然会遭不幸。

（王焕生/译）

《龟兔赛跑》《狼来了》《狐狸和葡萄》，这些有趣的故事都出自《伊索寓言》。《伊索寓言》是世界文学史上流传最广的寓言故事集之一。两千多年来，它以其特有的人生智慧和艺术魅力，受到各国人民尤其是青少年的喜爱。寓言以比喻性的故事寄寓意味深长的道理，本文所选的两则寓言《蚂蚁和蝉》《驴和狼》，通过丰富的想象和联想，表达了深刻的寓意，阅读时请联系自己的生活体验，体会寓言所蕴含的人生智慧。

2.《庄子》二则

⊙庄 子

不龟手之药[1]

宋人有善为不龟手之药者，世世以洴澼絖为事[2]。客闻之，请买其方百金。聚族而谋曰："我世世为洴澼絖，不过数金。今一朝而鬻技百金，请与之。"

客得之，以说吴王。越有难[3]，吴王使之将。冬，与越人水战，大败越人，裂地[4]而封之。

能不龟手，一也；或以封，或不免于洴澼絖，则所用之异也。

---

① 选自《庄子·内篇·逍遥游》。不龟（jūn）手之药，防止皮肤冻裂的药。龟，同"皲"，皮肤受冻开裂。

② 以洴澼絖（píng pì kuàng）为事：把在水中漂洗棉絮作为职业。

③ 难（nàn）：发难，入侵。这里指越国对吴国有军事行动。

④ 裂地：割地，划地。

惠子相梁[1]

惠子相梁，庄子往见之。或谓惠子曰："庄子来，欲代子相。"于是惠子恐，搜于国[2]中三日三夜。庄子往见之，曰："南方有鸟，其名为鹓鶵[3]，子知之乎？夫鹓鶵发于南海，而飞于北海，非梧桐不止[4]，非练实[5]不食，非醴泉[6]不饮。于是[7]鸱[8]得腐鼠，鹓鶵过之，仰而视之曰：'吓[9]！'今子欲以子之梁国而吓我邪？"

译 文

不龟手之药

宋国有一个人，擅长制作能防止皮肤冻裂的药。利用这种药，这人的祖祖辈辈以在水中漂洗棉絮为业。有个人听说了，希望用百金买这人的药方。宋国这个人聚集全家在一起讨论："家里世世代代漂洗棉絮，收入不超过几金。现在卖药方可以得到一百金，请允许我把药方卖给那个人。"

---

① 选自《庄子·外篇·秋水》。惠子，即惠施，战国时宋国人，哲学家，庄子好友。相，做宰相。

② 国：国都。

③ 鹓鶵（yuān chú）：古代传说中像凤凰一类的鸟。

④ 止：栖息。

⑤ 练实：竹实，即竹子所结的子，因色白如洁白的绢，故称。

⑥ 醴（lǐ）泉：甘泉，甜美的泉水。

⑦ 于是：在这时。

⑧ 鸱（chī）：猫头鹰。

⑨ 吓（hè）：模仿鸱发怒的声音。

那个人拿到药方后，就用它来说服吴王。这时越王入侵吴国，吴王派买药方的人领兵打仗。冬天，吴军和越军进行水战，大败越军。吴王封赏了买药方的人一块地。防皮肤冻裂的药是一样的，有人用它得到了封赏，有人只用它从事漂洗的工作，这是因为用途不同啊。

惠子相梁

惠子在梁国做宰相，庄子去看望他。有人对惠子说："庄子到梁国来，想取代你做宰相。"于是惠子非常害怕，在国都中搜捕了庄子三天三夜。庄子前去见他，说："南方有一种鸟，它的名字叫鹓鸰，你知道它吗？鹓鸰从南海起飞，飞到北海去，不是梧桐树不栖息，不是竹子所结的子不吃，不是甜美的泉水不喝。在这时，一只猫头鹰拾到一只腐臭的老鼠，鹓鸰从它面前飞过，猫头鹰仰头看着它，发出'吓'的怒斥声。难道现在你想用你的梁国相位来威吓我吗？"

学习提示

庄子长于运用寓言故事说理，用多变的笔法讲述道理，讽刺邪恶，批评现实，极富启示性。《不龟手之药》给我们的启示：同样的东西，用在不同的地方，其效果大不一样，要善于发现事物最大的价值，从而完美地利用它。《惠子相梁》这则故事嘲讽了醉心功名富贵者，表现了庄子鄙弃功名利禄的立场和志趣，富有趣味性。

读了《〈庄子〉二则》，你获得了什么启示呢？

1. 疑邻盗斧[1]

⊙《列子》

人有亡斧者，意[2]其邻之子。视其行步，窃斧也；颜色[3]，窃斧也；言语，窃斧也；动作态度，无为而不窃斧也。俄而扣[4]其谷而得其斧，他日复见其邻人之子，动作态度无似窃斧者。

译 文

从前有个人丢了一把斧头，他怀疑是邻居家的孩子偷去了。看那个孩子走路的样子，像是偷了斧头的；看那个孩子的脸色表情，也像是偷了斧头的；听那个孩子的言谈话语，更像是偷了斧头的；那个孩子的动作神态没有一样不像是偷了斧头的。不久以后，他去山谷里掘地的时候，找到了那把丢失了的斧子，之后再见到他邻居家的孩子时，觉得他的动作神态没有一点儿像是偷斧子的人了。

---

① 选自《列子·说符》。

② 意：怀疑。

③ 颜色：这里指神色。

④ 扣（hú）：挖掘。

2.《韩非子》二则

⊙韩非子

曾子杀彘[①]

曾子之妻之市，其子随之而泣。其母曰：“女[②]还，顾反为女杀彘。”妻适[③]市来，曾子欲捕彘杀之。妻止之曰：“特与婴儿戏耳[④]。”曾子曰：“婴儿非与戏也。婴儿非有知也，待[⑤]父母而学者也，听父母之教。今子欺之，是教子欺也。母欺子，子而不信其母，非所以成教也。”遂烹彘也。

鲁人徙越[⑥]

鲁人身善织屦[⑦]，妻善织缟[⑧]，而欲徙于越。或谓之曰：“子

---

①选自《韩非子·外储说左上》。曾子，名参，春秋末年鲁国人，孔子弟子，性情沉静，举止稳重，为人谨慎，待人谦恭，以孝著称。彘（zhì），猪。

②女：通“汝”，第二人称代词“你”。

③适：刚刚，恰好。

④特……耳：固定的搭配，可译为“不过……罢了”。

⑤待：依赖。

⑥选自《韩非子·说林上》。

⑦屦（jù）：用麻、葛等物制成的鞋。

⑧缟：白绢。

必穷矣。”鲁人曰：“何也？”曰：“屦为履[①]之也，而越人跣[②]行；缟为冠之也，而越人被[③]发。以子之所长[④]，游于不用之国，欲使无穷，其可得乎？”

译文

曾子杀彘

曾子的妻子去集市赶集，他的儿子哭着也要跟着去。她对儿子说：“你回家吧，等我回来杀猪给你吃。”曾子的妻子刚从集市回来，曾子就要捉小猪去杀。她劝止说：“我只不过是跟小孩子开玩笑罢了。”曾子说：“小孩子是不能随便哄骗的啊！小孩子没有辨别能力，要向父母学习，听从父母的教诲。现在你欺骗他，就是教孩子骗人啊。母亲欺骗儿子，儿子就不再相信自己的母亲了，这不是正确教育孩子的方法啊。”说完，曾子就把猪杀了煮给孩子吃。

鲁人徙越

鲁国有个人擅长织麻鞋，妻子擅长织白绢，他们想搬到越国去居住。有人知道后，劝他说：“你到那里必定会变穷的。”这个鲁国人问：“为什么呢？”劝他的人说：“织麻鞋是为了给人穿的，但越国人不喜欢穿鞋，习惯于赤脚走路；织白绢是用来做帽子的，但越国人不喜欢戴帽子，而喜欢披着长发。带着你的本领去用不到它们的地方，要使自己不受穷，怎么可能呢？”

---

① 履：鞋，这里用作动词，指穿鞋。

② 跣（xiǎn）：赤脚。

③ 被：通“披”，披散。

④ 长：本领。

3. 喜鹊和乌鸦

⊙余之敏

农家院子的大树上，新筑了两个家，分别住着喜鹊、乌鸦。

刚来时，它们喜欢在旷野和田间觅食危害庄稼的害虫，也喜欢啄食垃圾。

农人见了，非常高兴，时不时撒些稻谷给它们吃。

可是时间一长，乌鸦就变懒了，不想出去找害虫吃了。

“不去找害虫吃，饿了吃什么？”喜鹊飞走前，关心地问。

“你不见稻子、高粱都成熟了吗？何苦还要去找，真是的。”乌鸦头都不抬一下，不屑一顾地答着。

“农人每天都辛苦地劳作，才有此收获，你就不要打这个主意了。”喜鹊耐心地劝着。

“你不要啰唆，你只管把自己管好，我的事不用你管！”乌鸦不耐烦了，声音也高起来。

“你看农人对我们是多么友好，我们也要友好地对待他们啊，不是吗？”喜鹊仍耐心地劝着。

“你给我闭嘴！”乌鸦非常生气，喜鹊只好飞走了。

傍晚，吃饱了的喜鹊回来，却见农人正用竹竿捅乌鸦的家。

原来乌鸦一直睡到下午才起床，感觉肚子饿了就飞到农田偷吃，被巡视的农人看了个正着。农人大叫着驱赶，乌鸦不听，仍吃它自己的，气得农人拿起铁锹砸它，才把它赶跑。

乌鸦虽然逃走了，农人想想还不解气，回家就找了根竹竿，把乌鸦的家捅了个底朝天。乌鸦没家了，可仍不悔改，仍每天去偷吃，吃不饱就偷吃农人家鸡鸭的口粮，气得农人一见到乌鸦就咒骂其是丧门星，还必欲射杀之而后快。乌鸦最后只得离开了那里。而农人对喜鹊却越来越喜爱，一年年热情地挽留喜鹊住下。

总是乐于帮助人的，人恒爱之；好吃懒做到屡次侵犯他人的，人恒恶之。

大凡世间事，莫不如此。

4. 人生寓言

⊙周国平

幸福的西绪福斯

西绪福斯被罚推巨石上山。每次快到山顶，巨石就滚回山脚，他不得不重新开始这徒劳的苦役。听说他悲观沮丧到了极点。

可是，有一天，我遇见正在下山的西绪福斯，却发现他吹着口哨，迈着轻盈的步伐，一脸无忧无虑的神情。我生平最怕见到大不幸的人，譬如说身患绝症的人，或刚死了亲人的人，因为对于他们的不幸，我既不能有所表示，怕犯忌，又不能无所表示，怕显得我没心没肺。所以，看见西绪福斯迎面走来，尽管不是传说的那副凄苦模样，深知他的不幸的我仍感到局促不安。

没想到西绪福斯先开口了，他举起手，对我喊道：

“喂，你瞧，我逮了一只多漂亮的蝴蝶！”

我望着他渐渐远逝的背影，不禁思忖：总有些事情是宙斯的神威鞭长莫及的，那是一些太细小的事情，在那里便有了西绪福斯（和我们整个人类）的幸福。

微不足道的事情

有一个善于反省的人，在他生命中的某一天，突然省悟到自己迄今所做的全是微不足道的事情。他想到生命的短暂，不禁为自己虚度了宝贵的光阴而痛心。于是他暗暗发誓，从此一定要万分珍惜光阴，用剩余的生命做成一件最有价值的事情。

许多年过去了，我们的这位朋友始终忠于自己的誓言，不做任何微不足道的事情。他一直在寻找那件足以使他感到不虚此生的最有价值的事情。可是，他没有找到。生命太宝贵了，无论用它来做什么都有点儿可惜。结果，他什么事也没有做，既没有做微不足道的事情，也没有做最有价值的事情。而他的宝贵的生命，却在这无所事事中流逝而去。

终于有一天，他又一次反省自己，不愿再这样无所事事地生活。人活着总得做点什么，既然找不到最有价值的事情，就先做好微不足道的事情。所以，现在他怀着一种安乐心情做着种种微不足道的事情。

5. 关于寓言

⊙李明晖

寓言是文学中最古老的体裁之一，无论哪个民族，现在可见的最早著作中，都有寓言存在。比如我国的《尚书》、古希腊柏拉图写的对话录、古印度的吠陀，这些处于文明源头的经典，多多少少都记载或创造了一些寓言。寓言又是最有青春活力的文体之一，中外历代都有新的寓言作品问世，在今天的互联网上，世界各国的人们也依然在发表、流传着新的寓言。古代寓言里的角色，会有神祇和动物，今天寓言里的角色增添了机器人、人工智能，而像你我一样的世间凡人，则始终都活跃在千百年来的寓言中，上演着或肃穆或滑稽的戏剧。

那么，寓言到底是什么？简单说，寓言就是承载着道理的小故事。寓言承载的道理，就是所谓寓意。有的寓意，是讲故事的人自己就想表达的，像著名的《伊索寓言》中，绝大部分的作品就是如此，传说中的智者伊索，讲故事的目的就是讲道理。有的寓意，则是后人看到这个故事而发现的，来自历史人物事迹的寓言，多数是如此，因为史家在史书中记载人物的小故事，本意是表现这个人物的性格与功过，不大可能以讲道理为目的，但读史书的人从中读到了有益的道理，于是，为了讲这个道理而传诵这个故事，逐渐故事和道理就成了一体，真事也就成了寓言。比如“王皓失马”这个寓言就出自《北史》这部史书，说的是北齐的王皓在战地宿营时因为自己的红马在清晨蒙了一身白霜，就以为自己的马丢了，到太阳晒化了霜，露出马的毛色，他才说“我马尚在（我的马还在）”。史书中写这个小故事，可以表现王皓这个人物的“儒缓”性格，也从侧面记录了当时战争情景的一个细节。但这种因为表象的变化就迷失了本质的事，生活中多得很，只是不像王皓这件事这么“奇特”和有名而已，所以人们就拿这件事来讲这个道理，从这个故事中学会分辨“变化的现象”和“不变的实体”，因此，一则在讲故事的人那里原本不是寓言的短章，却成了流传至今的寓言。

还有的寓言，本来确实就是想讲一个道理的，但是后来人们拿这个寓言来表达的道理，却和本来想讲的那个道理不尽相同。比如我们都熟悉的“南辕北辙”这个寓言，讲一个人想到南边的楚国去，却驾着车向北走，别人劝说他，他还强调自己的马很精壮，自己的路费多，自己的马夫好；他却不知道，因为路的方向走反了，这些条件越好，只会离楚国越远。我们今天都说这个寓言的寓意是和目标完全反向的行动不可能达到目标，只会越来越远离目标的实现。这么说，当然是对的。但是最早讲这个故事的人是谁呢？据记载，是战国时期魏国的大臣季梁。季梁讲这个故事，是给魏王听的，讲故事的原因，是魏王要入侵邻国的国都。所以，这个故事最初的寓意，比我们今天理解的要具体得多，所谓马很精壮、路费很多、马夫很好，指的是魏国兵精将勇、物产丰赡、人才济济，“楚国”是指魏王称霸天下的宏图，向北走是指魏王侵略邻国的行动，而向南走则指的是做些能让天下信任魏国的事，也就是施行仁政。所以，这个寓言的寓意其实是说在诸侯纷争中成为天下霸主之路在于施行仁政，而不在于穷兵黩武。但是这个寓意离普通人的生活太远，人们从这个故事中汲取的教益不是诸侯争霸之道，而是目标与行动的关系。这其实是将原来的寓意抽象化、普泛化了。事实上，很多寓言都是经过这样的“再理解”之后，才获得了跨越时空的久远传播。我们读寓言，应该尽量了解原意，但不见得必须拘泥原意。

其实，寓言作为文学，本身就有着文学的含混性、多义性，虽然它很可能是所有文学体裁中多义性程度最低的。多义性就意味着一则寓言的寓意不是唯一的，后人尽可以正读、侧读，甚至反读。比如《伊索寓言》里有一则“卖神像的人”，讲一个卖神像的人说自己的神像能招财，别人说那你为什么还卖掉它，而不是留着它，好自己发财呢？这个人回答说，那太慢太远了，我要的是眼前可以看到的钱。据原著，这个寓言的寓意是有些人不择手段捞钱，连神都不敬畏。这个寓意显然很有时代印记，但劝人不可为了赚钱而不择手段，至今也有积极意义。不过，我们也可以不在意“伊索”自己的解释，从这个故事中读出些别的，比如长线大利益和短线小利益的权衡问题，比如迷信骗术的荒谬矛盾。前者算是侧读，后者则可算是反读了，因为原著所讲的寓意倒似乎并不认为神像能招财是迷信。还有我们中国古代的一则寓言“狐假虎威”，到底是批判狐狸还是讽刺老虎，也可以根据运用场景的不同而有侧重，至少我们自己不要当了故事里的老虎还在敬畏狐狸，这算是正读，因为当年楚国的大臣江一讲这个故事本来就是为了警醒那位像受骗的老虎一样的楚宣王；至于我们常常用这个故事来骂那些仗势欺人的小人，细究起来却是侧读；而如果在自己弱小而遭到强者欺凌的时候能够借鉴故事中狐狸的办法化解危机，那也不失为反读的益处。

为什么会有寓言呢？或者说，讲道理为什么要用故事呢？有人说是因为旧时人们不敢直说自己的道理，所以讲个故事来暗示。我认为这说法是不对的。多数寓言的寓意太明显，根本瞒不了人，何况很多寓言都在故事的前边或后边直接讲出了寓意。而且，言论自由之后，大家还是喜欢寓言，也创作新寓言。那么用故事讲道理的原因是什么呢？其实有一则寓言解答这个疑问最清楚：梁王的宰相惠子说话喜欢用比喻，有一天梁王说不准惠子再用比喻说话了，惠子就说，如果有个人没见过“弹”（这里读作 dàn）的样子，您告诉他弹的样子就像弹，他还是不明白，但你说弹的形状像弓，只是弦是竹子做的，他就明白弹是什么样子了，所以说话的人就是要用听者知道的东西来比喻听者不知道的东西，这样听者才能知道得更多啊。惠子这么一讲，梁王觉得他说得很对。

寓言，便是惠子说的“比喻”了。

单元学习任务

任务一

寓言往往言在此而意在彼，由故事和寓意两部分组成。故事好比一个人的身体，寓意好比一个人的灵魂。这一单元的寓言，你读懂了吗？请分别概括故事大意，并写出寓意。

篇目	故事	寓意
《伊索寓言》二则		
《庄子》二则		
疑邻盗斧		
《韩非子》二则		
喜鹊和乌鸦		
人生寓言		

任务二

寓言往往可以从不同的角度来理解。请你任选本单元的一则寓言，参考下面的示例，试着从多角度理解，写出寓意。

示例：《驴和狼》

角度 1：驴

遇事不要惊慌，要沉着冷静。

角度 2：狼

1.有些人从事不适合自己的事情，自然会遭不幸。
2.每个人定位不同，你是屠户，那就该做屠户该做的事。
3.老人的话是经验之谈，不听老人言，吃亏在眼前。

篇目：《驴和狼》

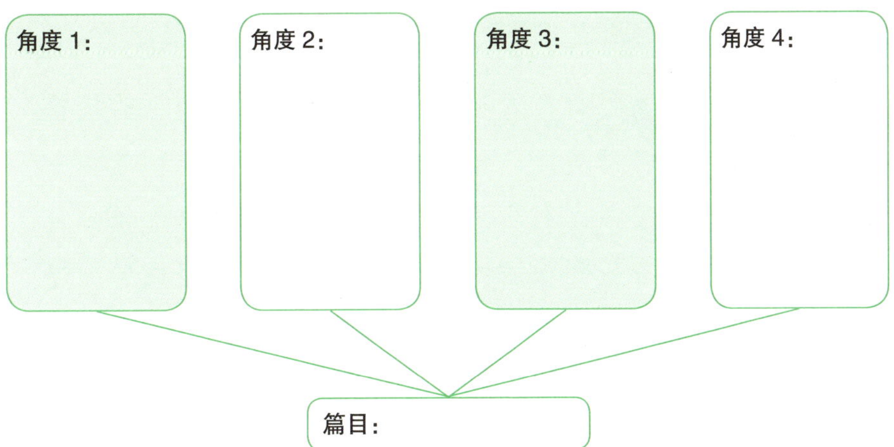

任务三

寓言的寓意与其情节设计有密切的关系，如果对故事情节稍做改变，就会改变其寓意。任选本单元的一则寓言，调动你的思维，发挥你的联想，重新设计情节，赋予其新的寓意。

提示：在《蚂蚁和蝉》的故事里，蝉在冬天饿死之后，整个世界变得分外寂寞，夏天再也没有悦耳的歌声了。你看，蝉是不是也在用自己的方式劳动？如果是这样，我们又能从寓言中读出什么呢？

联想与想象

联想与想象慰藉了人类的心灵。五柳先生笔下的桃花源最和谐，有良田美池，黄发垂髫，并怡然自乐；苏学士的琼楼玉宇最美妙，有明月美酒，面对婵娟翩翩起舞；吴承恩用神奇的夸张和瑰丽的想象把玄奘的旅行写成了一部让人迷醉的西游探险；郭沫若告诉我们，天上的街市最迷人，那里有提着灯笼的人儿在行走……他们张开联想和想象的翅膀，将我们的心灵送到最美的地方。

写作时善于运用联想与想象，有助于打开思路，激发灵感。学习本单元，要体会联想与想象的作用，培养发散性思维，并尝试在自己的写作中恰当运用联想与想象，使文章内容丰富、充实。

片段集锦

【范例 1】

我是一条天狗呀！

我把月来吞了，

我把日来吞了，

我把一切的星球来吞了，

我把全宇宙来吞了。

我便是我了！

（郭沫若《天狗》）

【范例 2】

曲曲折折的荷塘上面，弥望的是田田的叶子。叶子出水很高，像亭亭的舞女的裙。层层的叶子中间，零星地点缀着些白花，有袅娜地开着的，有羞涩地打着朵儿的；正如一粒粒的明珠，又如碧天里的星星，又如刚出浴的美人。微风过处，送来缕缕清香，仿佛远处高楼上渺茫的歌声似的。这时候叶子与花也有一丝的颤动，像闪电般，霎时传过荷塘的那边去了。叶子本是肩并肩密密地挨着，这便宛然有了一道凝碧的波痕。叶子底下是脉脉的流水，遮住了，不能见一些颜色；而叶子却更见风致了。

（朱自清《荷塘月色》）

【范例 3】

北国的槐树，也是一种能使人联想起秋来的点缀。像花而又不是花的那一种落蕊，早晨起来，会铺得满地。脚踏上去，声音也没有，气味也没有，只能感出一点点极微细极柔软的触觉。扫街的在树影下一阵扫后，灰土上留下来的一条条扫帚的丝纹，看起来既觉得细腻，又觉得清闲，潜意识下并且还觉得有点儿落寞，古人所说的梧桐一叶而天下知秋的遥想，大约也就在这些深沉的地方。

（郁达夫《故都的秋》）

【范例 4】

我跟着许多雨人走去。

我问：“你们到哪儿去？”

他们回答：“我们去花坛。”

花坛里种着玫瑰、鸢尾兰、郁金香……那些花正含苞欲放。雨人一来，它们就开放了，深红色的、淡紫色的，还有雪白的花。

还有许多雨人跳到草坪上，先是落在尖细的草叶上，然后像滑滑梯似的滑进了草坪。草坪更绿了。

还有许多雨人攀上一棵棵小树，先是挂在嫩嫩的树枝上荡来荡去，像是荡秋千；有的躲在一片绿叶下面，像躲在一张绿色的小帐篷里捉迷藏。然后就从树上顺着树干滑下来，钻进树根，不见了。

他们真的去浇灌了许多绿色的生命。雨人带给这世界一个绿色的梦。

（金波《雨人》）

1. 蔚蓝的王国

⊙〔俄国〕屠格涅夫

蔚蓝的王国呀！充满着蔚蓝、光明、青春、幸福的王国呀！我看见过你……在梦中。

“蔚蓝的王国”是作者在现实之外虚构的理想世界。

我们几个人坐在一条精美华丽的小船上。白色的风帆鼓了起来，宛似天鹅的胸膛，帆的上面挂着几面随风轻扬的小旗。

我不知道我的伙伴是些什么人；然而我的整个身心感觉到，他们像我一样年轻、快乐、幸福！

况且我也没有对他们多加注意。——我只看到四周是一片无边无际的蔚蓝的海，海面上闪烁着金鳞似的细浪，头顶上是同样无边无际的、同样蔚蓝的海——在那儿，和煦的太阳愉悦地露着笑脸。

我们有时发出爽朗、愉快的笑声，仿佛神仙的笑声！

或者，突然会有人吟诵精美绝伦、感人肺腑的诗句……似乎天空本身也在和我们酬唱，四周的海洋也情不自禁地战栗起来……接着又是一片宁静。

我们轻快的小船在微波中漂荡，时起时伏。并不是风在推动它前进；驾驶它的是我们自己无忧无虑的心灵——我们心中稍一动念，想到哪里去，小船就漂到哪里去，它像是有生命的东西，完全听从我们使唤。

用虚设的景来寄寓情感。文中还有很多这样的描写，请你找一找。

我们看到一些岛屿，晶莹明澈的仙岛，岛上的璧玉宝石光艳夺目。——仙岛隆起的岸上飘来醉人的芳香；一些岛上像下雨似的朝我们身上飘洒白玫瑰花和铃兰花；另一些岛上忽然飞起一群五彩缤纷的长翼的鸟儿。

鸟儿在我们头顶上回翔，铃兰花和玫瑰花同沿着平滑的船舷翻滚的珍珠似的浪花融合在一起，分辨不清了。

随同花儿和鸟儿一起飘来一阵甜滋滋的声音……其中仿佛有女人的声音……周围的一切：天空、海洋、微微飘动的风帆、船尾潺潺的水流——一切都在倾诉着爱情，倾诉着无比幸福的爱情！

一个虚幻的女子形象，美好，神秘，象征着作者对美好生活的渴望。

她，我们每一个人都爱着的那个人——

她就在这儿……虽然看不见，但近在咫尺。不消片刻，她的眼睛就会闪出亮光，她的脸上就会现出笑容……她的手就会拉着你的手——拉着你一起进入永不衰败的天堂！

蔚蓝的王国呀！我看见过你……在梦中。

首尾呼应，作者为什么反复强调是在梦中见过蔚蓝的王国呢？

（张守仁 / 译）

初唐四杰

“初唐四杰”指的是唐代初期颇负盛名的四位文学家，他们是王勃、杨炯、卢照邻、骆宾王。

在唐诗的发展史上，“初唐四杰”的作品将诗歌从狭窄的宫廷转移到广大的社会、壮丽的山水、悲凉的边塞上来，扩大了诗歌题材，表现了积极向上的精神和抑郁不平的愤慨，代表了诗歌创作的健康方向。

此外，五言律诗在他们的作品中得以充分发挥，并被逐渐固定下来，同时他们也将七言古诗推向了成熟阶段。

2. 太阳神

⊙韩少功

以前我只知道向日葵，现在才知道几乎所有的树都是向日树，所有的草都是向日草，所有的花都是向日花。

我家种的美人蕉和铁树，长着长着都向一旁倾斜而去，原因不是别的，是头上盖有其他树冠，如果它们不扭头折腰另谋出路，就会失去日照。我家林子里的很多梓树瘦弱细长，俨然有“骨感美”，其原因不是别的，是周围的树太拥挤，如果它们不拼命地拉长自己，最上端的树梢就抓不到阳光。

我现在明白了，万物生长靠太阳——农业其实是最原始和最庞大的太阳能产业，一直在播撒着金色能量，包括造福人类这样的终端客户。

那么，所谓太阳神不过是这一传统产业的形象徽标，表现出生物圈里每一天的日常真实，不是什么古人的虚构。

在一场争夺阳光的持久竞争中，失败的草木一旦蒙受荫蔽，就会大失生命的活力，无精打采，有气无力，很可能成为日后一棵高龄的侏儒，乃至沦入枯萎或者腐烂。这使我想起了瑞典、挪威、冰岛以及其他一些北欧国家，地处北极圈附近，一旦进入夜长昼短的阴沉冬季，上午快十点才天亮，下午三点多就天黑，人们脸上大多愁眉不展暗云浮现。政府巨大的福利开支之一，就是给所有国民发放药丸以防治抑郁症，一直发放到春夏的到来。女孩们扮成光明之神露西亚，也会在夜晚最长的那一天，举着可爱的烛火，到处巡游和慰问，鼓舞人们抵抗漫长冬夜的勇气——这些情况放到一个阳光富足的热带国家，也许会让人难以理解。

我的一部分瓜菜看来是患上北欧抑郁症了，需要治病的什么药丸了，或者需要到加勒比海或印度洋去度假了。随着近旁的梓林和竹林越来越扩张，荫蔽所至之处，它们只能变得稀稀拉拉，要死不活。

阳光的价格在这个情况下就产生了。它是我家瓜菜的价格，或者是北欧富人们到加勒比海或者印度洋去晒太阳的飞机票价格。

世界上任何一样东西原来都很昂贵，哪怕像阳光这种取之不尽和世人皆有的东西。反过来说，所谓昂贵，通常是人为的结果，是一些特定情境中的短暂现象，甚至只是一种价值迷阵里的心理幻影。想想看，一旦石油枯竭，汽车就只能是一堆废铁。一旦币制崩溃，金钞就只能是一堆废纸。贵妃陷入病重之时，一定会羡慕活泼健康的村妇。财阀遇上牢狱之灾，一定会嫉妒自由无拘的乞丐……在事局的千变万化中，任何昂贵之物忽然间都可能一钱不值，而任何低贱之物忽然间都可能价值连城。

所以古人有太阳神。

所以古人有海神和山神。

所以古人有火神、风神以及树神……

古人对贵贱的终极性理解，通常在人类历史中沉睡，在我们的忙忙碌碌中被遗忘，比如在沉甸甸的斜阳落满秋山的时候，也是我买到食盐后一步步回家的时候。

唐宋八大家

“唐宋八大家”是唐宋时期八位散文代表作家的合称，他们是唐代的韩愈、柳宗元，宋代的欧阳修、苏洵、苏轼、苏辙、王安石和曾巩。

明代初年，有个叫朱右的读书人，选韩、柳等人文章为《八先生文集》，八家之名，实始于此。明中叶唐顺之所纂《文编》，唐宋文亦仅取八家。稍后，茅坤承朱、唐之说，选辑八人的文章为《唐宋八大家文钞》，此书流传甚广，“唐宋八大家”之名也随之流行。

八大家是主持唐宋古文运动的中心人物，他们提倡言之有物的散文，反对六朝的浮丽文体，对当时和后世的文坛均产生了很大的影响。

3. 吴县四柏

⊙梁　衡

一千九百多年前，东汉有个叫邓禹的大司马在今天苏州吴县[①]栽了四棵柏树。经岁月的镂雕陶冶，这树竟各修炼成四种神态。清朝皇帝乾隆来游时有感而分别命名为“清”“奇”“古”“怪”。

最东边一棵是“清”。近两千年的古树，不用说该是苍迈龙钟了。可她不，数人合抱的树干，直直地从土里冒出，像一股急喷而上的水柱，连树皮上的纹都是一条条的直线，这样一直升到半空中后，那些柔枝又披拂而下，显出她旺盛的精力和犹存的风韵。我突然觉得她是一位长生的美人，但她不是那种徒有漂亮外貌的浅薄女子，而是满腹学识，历经沧桑。要在古人中找她的魂灵，那便是李清照了。你看那树冠西高东低，这位“女词人”正右手抬起，扶着后脑勺，若有所思。柔枝拖下来，风轻轻拂着，那就是她飘然的裙裾。“险韵诗成，扶头酒醒，别是闲滋味。”

① 苏州吴县：今苏州市吴中区、相城区。

西边一棵曰“奇”。庞然树身斜躺着，若水牛卧地，整个树干已经枯黑，但树身的南北两侧各劈挂下一片皮来，就只那一片皮便又生出许多枝来，枝上又生新枝，一直拖到地上，如蓬蒿，如藤萝，像一团绿云，像一汪绿水，依依地拥着自己的命根——那截枯黑的树身。黑与绿，老与少，生与死，就这样相反相成地共存。你初看她确是很怪的，但再细想，确又有可循的理。

北边一棵为“古”。这是一株左扭柏，即树纹一律向左扭，但这树的纹路却粗得出奇，远看像一条刚洗完正拧水的床单，近看树表高低起伏如沟岭之奔走蜿蜒，贮存了无穷的力。树干上满是突起的肿节，像老人的手和脸，顶上却挑出一些细枝，算是鹤发。而她旁边又破土钻出一株小柏，柔条新叶，亭亭玉立。那该是她的孙女了。我细端详这柏，她古得风骨不凡，令人想起那些功勋老臣，如周之周公，唐之魏徵。

还有一棵名“怪”。其实，她已不能算“一棵”树了。不知在这树出土的第几个年头上，一个雷电，将她从上至下劈为两半，于是两片树身便各赴东西。她们仰卧在那里相向怒目，像是两个摔跤手同时跌倒又各不服气，正欲挣扎而起。长时间的雨淋使树心已烂成黑朽，而树皮上挂着的枝却郁郁葱葱，缘地而走。你细找，找不见她们的根是从哪里入土的。根就在这两片裸躺着的树皮上。白居易说原上草是“野火烧不尽”，这古柏却“雷电击又生”。她这样倔，这样傲，令人想起封建士大夫中与世不同的郑板桥一类的怪人。

这四棵树挤在一起，一共占地也不过一个篮球场大小，但却神态迥异地现出这四种形来，实在是大自然的杰作。那“清”柏，想是扎根在什么泉眼上，水脉好，土气旺，心情舒畅。那“古”柏，大约根须被挤在什么石缝岩隙间，未出土前便经过一番苦斗，出土后还余怒未尽。那“奇”“怪”二柏便都是雷电的加工，不过雷刀电斧砍削的部位，轻重不同，她们也就各奇各怪。真是天雕地塑，岁打月磨，到哪里去找这样有生命的艺术品呢？而且何止艺术本身，你看她们那清、奇、古、怪的神态，那深扎根而挺其身的功力，那抗雷电而不屈的雄姿，那迎风雨而昂首的笑容，那虽留一皮亦要支撑的毅力，那身将朽还不忘遗泽后代的气度，这不都是哲理、思想与品质的含蓄表现吗？大自然本身就是一部博大的教科书，我们面对她常常是一个小学生。我想应该让一切善于思考的人来这树下看看，要是文学家，他一定可以从中悟到一些创作的规律，唐诗、《聊斋》、《山海经》、《西游记》不是各含清、奇、古、怪吗？要是政治家，他一定会由此联想到包公那样的清正，贾谊那样的奇才，伯夷、叔齐那样的古朴，还有扬州八怪等那些被社会扭曲了的怪人。就是一般的游人吧，到此也会不由得停下脚步，想上半天。云南石林里那些冰冷的石头都会引起人种种联想，何况这些有生命的古树呢？她们是牵着一条历史的轴线，从近两千年以前的大地上走来的啊！

4. 驿站梨花

⊙吴洪伟

我从一个出发的地方出发，向着远方，一个未知的地方行走。

三分的春天，我已走到暮春的路口。我经过的那些树木，早已挣脱了枝条的约束返老还童。油亮嫩绿的叶子使落魄的山野富足起来，换上了新装。蒿草兴奋地疯长，在我转身的瞬间，将来路淹没。

铁轨像一条无尽的绳索，穿过北方风景朴素的山野，将心与远方相连。少年时总是踩在铁轨上，摇晃着手臂，想象着远方。远方有没有臆想中的风景，这神秘的答案始终是个诱惑，一直牵着我的双脚。如今，在喧嚣的杂乱中，抓住一点儿时间的空隙，急切地向远方行走，内心总有一席空地，等待远方驻足。

一步一根枕木，走在排列均匀的枕木上，渐渐失去了思维的兴致。枕木对此沉默着，一直往前延伸。这样的时候，我更愿意相信，转弯的未来，会出现一片辽阔的草原，或许是一汪明净的湖泊。

前方，绿莹莹的信号灯，神秘地眨着眼睛，让我懂得什么叫作向往，我的脚步变得深情款款。弯过两山相夹的转弯，一排黄色的小房子，赫然出现在前方。越来越近，原来是一个古老的山间小站。然而，我却被小站上一棵百年梨树的一树亮色的白，攫住了灵魂。

小站地处偏远山野，一条铁轨贯穿东西，那一排黄色的小房子面南背北。这棵百年梨树，就坚定踏实地守候在小房子前面的这个小小的站台上。对面是连绵起伏的青山，背后有溪流、田地，还有几户人家的房舍。

据说小站未建，这棵梨树就已经站在那里了。它还是那样丰盈繁茂，我张开双臂抱不拢它那百年的身躯。此时，它像一把偌大的伞，擎着满树纯洁的花朵，迎候我疲惫的心灵。无数的花朵就像无数的浅笑，让人瞬间捡起曾经丢失的暖意。那莹润净白的花瓣，偶有一抹淡淡的红晕，泛上脸颊，引来蝶舞蜂鸣，传递沁脾的芬芳。

这一树的梨花，其芳娇娇，其华妖娆。我相信它就是我命定的邂逅，是我年复一年持续的等待。

我倚在它的躯干上，慢慢地坐下，把我自己交给它，把时光交给它，在这寂静的山谷、空无的小站，像一个回归的赤子，卸下了一身沉重的行囊，内心顿觉舒展。

“噗噗”，什么声音？难道是花开的声音？仿佛远处的火车，传来蒸汽喷涌的隐约之声。我被花朵绽放的声音灼痛了心灵。

许多记忆都在岁月里回环轮转。

百年来，它迎风送雨，守候小站的日出月落。每天两列客车靠站，十几个稀稀疏疏的旅人上车下车，然后散去。迎回羁旅天涯的思乡浪子，把怀揣梦想的少年送向远方。长亭古道，它只是静静站着，默默看着，恬淡从容地演绎着自己的花开花落。它不因乡野的贫瘠荒芜而沮丧，也不因孤独而落寞。它让风有了芬芳的鸣唱，让鸟有了合欢的暖巢。它早已把自身融入其中，这里，它是天地的一部分，是风雨的一部分，是尘埃的一部分，是岁月的一部分。

作为一棵树，它去不了远方，但我猜想，它一定也有远方。它的远方应当是从铁轨开始的吧！每天，远远看到火车喷吐白色的烟雾，轰隆隆震荡着心弦而来，从东到西或者从西到东，把它的美丽馨香带给远方，把它的孤独和欢喜带给远方。之后，心怀远方而又归于平静。这条铁轨像一条运输心境的河流，随着时光的流淌，灵魂不断获得更新，才使得它的枝丫越发繁茂，花朵越发纯净清香，果实越发水润甘甜。

此处多么宁静，我听见自己的心跳，更听见它花开的声音。它把花开的声音放大成鸟语蜂鸣，放大成火车的召唤。它还在开花，它用一树的花来回应岁月，回应风雨，回应远方的旅人。

我庆幸，没有错过与这棵百年梨树的相遇，与这一树纯净的梨花相遇。不染纤尘的美丽，有滋有味的安宁，恬淡怡然的从容，沉稳执着的坚守，使得那百年的风雨沧桑，早已化作眼前的繁花绚烂、树茂风清的极致之态了。

时光延续着时光，阳光在花蕊间投射下明朗的疏影，天地间弥漫着恬淡和宁静。我多想活成这一树梨花的姿态，释放自己的美丽，收藏一路的风景。

“诗魔”白居易

白居易在创作理论上提出了许多符合现实主义基本精神的文学主张，他主张“文章合为时而著，歌诗合为事而作”，其作品真实地反映社会现实，抨击当时的政治弊端。他反对“嘲风雪，弄花草”而别无寄托的作品。由于他学习勤奋，“昼课赋，夜课书，间又课诗，不遑寝息矣。以至于口舌成疮，手肘成胝”，加之他又有“唯有诗魔降未得，每逢风月一闲吟”的诗句，后人于是以“诗魔”称呼他。

5. 关于奔跑的比喻

⊙胥佳琪

一

在令人压迫的气势中，老虎王者般自信地追逐着前方的鹿。老虎为生存而奔跑，不可阻挡的奔跑如炽热的太阳，冲破阻挡，释放光芒。然而，只是一瞬，子弹撕裂了原本静谧的森林。血染红了天边的残阳，天充斥着触目的暗红。前方慌张逃窜的鹿，此时已消失在林子深处，一声长鸣仿佛正嘲笑着身后已无力追赶的老虎。

时间恍惚交叉的罅隙里，仿佛是一个梦魇，将一切粉碎。风将老虎奔跑的脚印渐渐吹淡，老虎勉强睁开眼睛，望着天空中窒息的暗红，像是死神霸道地站在天边傲视着自己的狼狈与伤口的狰狞，无尽的恚恨使他倏然站立起来，对着苍穹呐喊，想要用奔跑蜕去此时落魄的自己，这使远处的人儿吓破了胆，然而，老虎又支撑不住重重地摔在了地上。

二

夕阳透过树叶的裁剪，零星地洒在林间，冷风吹醒了老虎即将沉睡的灵魂。老虎瞪着远方的坡顶，穿过山林，那里曾有他挺立的雄姿，那里曾回响他王者的啸鸣，他不想让那里只成为他辉煌的过去。

所以，老虎选择了奔跑，是一种捍卫尊严的奔跑，如战神般伟岸，不管付出多大的努力，即使拖着伤痕累累的躯体，即使忍受钻心的剧痛，也要抬起额头，勇猛地跃起，一步一步，犹如一个不屈的灵魂。在残阳下，奔跑如此优美并且有种不可侵犯的威严，老虎挣扎着迈动颤抖的双腿，眼神又恢复了往日的清醒；冷锐，将那锥心刺骨的痛转化为震天的力量，在这漫长的跋涉中，去追逐生命的巅峰！

飘零的叶如一群无声的蝶，点缀着他奔跑的雄伟，静谧的森林仿佛正奏响一阕英雄的挽歌，亘古不变。

三

老虎终于又倨傲地挺立在山巅。俯瞰森林，一切都如此渺小，连同好似无力抗争的死亡，他却用一路沾着血的奔跑践没了死神的恐怖。他的奔跑超越了生命的意义，像荆棘鸟奔向荆棘时的不悔追求，像夸父追逐太阳时的坚定执着，像扶摇直上九万里的大鹏，无拘无束。老虎潇洒不羁的奔跑，在荒凉的地方留下了永久的辉煌，即使化为枯骨，也要用不屈的奔跑来探求生命的终极，拓展生命的长度。

天边的残月，睿智地望着这个不屈的传奇，如泣如诉。月光也渐渐柔和起来，腾起的雾气将老虎挺立的身影渐渐模糊成永远……

（学生习作）

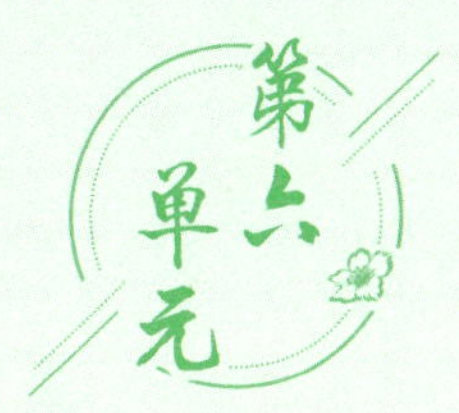

中国精神

曾经，“我以我血荐轩辕”，在中华民族生死存亡的岁月里，无数中华儿女浴血奋战，彰显了以爱国主义为核心的民族精神。

而今，我们自强不息，厚德载物，在中华民族伟大复兴的进程中，众多先锋楷模践行着以改革创新为核心的时代精神。

由此而焕发出的凝聚力和感召力，铸成不折不挠、勇往直前的中国精神，生生不息、薪火相传。

伟大的中国精神必将引领我们实现中华民族的伟大复兴！

1. 横穿《诗经》的河流

⊙洪 烛

关键词：农业文明　人类童年

“关关雎鸠，在河之洲。”掀开《诗经》的第一页，总是那条河流阻挡住我的去路，所以我无法真正进入文字背后的生活。这是一条没有名字的河，记载了古老的爱情与农事，两千多年前的浪花溅湿我苍苔斑驳的草鞋。谁曾经贴着水面行走，并且歌笑歌哭？淑女与君子，艄公与过客，母亲与儿女，乃至时光与记忆，隔着同样一条河遥遥相望，构成周而复始的白昼和黑夜。如今，它又借助单薄的纸张间断了祖先的吟唱与后辈的倾听——这条跟血缘、传统、汉语有关的河哟。人间的银河，此岸是高楼广厦，齿轮与车辆，灯火通明的都市，而彼岸呢，彼岸有采薇的村姑、祈雨的礼仪，以及以渔猎为生的星罗棋布的部落……

英国诗人库伯说：“上天创造了乡村，人类创造了城市。”《诗经》记录着农业文明最古老的光荣。在这部边缘泛黄的典籍里呼吸的男女居民是幸运的，因为他们生活在离造物主最近的地方，门前的原野、山峦、岩石，无一不是造物主最原始的作品。只有阡陌属于自己，于是那些手摇木铎[①]的采诗官奔走于阡陌之上，聆听着大自然苍老的声音和人类年轻的声音，充满感恩的心情。村野气十足的《诗经》象征着一个时代，民歌的时代，那也是人类咿呀学语、蹒跚学步的时代。在大自然的露天课堂里，稚气未脱的书声琅琅。连文盲都可能成为真诚的歌手——只要他用心灵读懂造物主手中的无字天书。甚至可以说，这是一些目睹造物主的指纹而成长的无名诗人，在平凡的劳动、情爱、游猎中获得神秘的智慧。和这些诗兴大发的自然之子相比，我们是苍白的，一生所触及的仅仅是书本、墙壁、道德以及间接的经验。今天的世界已经是被修改了的原稿。在钢筋水泥的城市里，我们很难发现造物主的手迹——灵感的花朵，因为贫血而枯萎，而失去了天真。

“七月流火，九月授衣。”不读《诗经》，简直无从想象，这块土地上曾经发生过哪些事情？死亡的人物、流亡的事件、中断的对话，从纸上重新浮现——借助音乐与文字的力量。耕种、狩猎、婚嫁、祭祀、园艺、兵役……是人类一代又一代遗传的生活方式。哦，“七月在野，八月在宇，九月在户，十月蟋蟀入我床下。”《诗经》总把我带回农历的年代，我开始低头寻找一把祖传的农具（譬如名称古怪的耒耜[②]），日出而作，日落而息。

---

① 木铎（duó）：以木为舌的大铃，铜质。铎，指古代宣布政教法令时或有战事时用的大铃。

② 耒耜（lěi sì）：古代一种像犁的农具，也用作农具的统称。

我仿佛置身于鸡犬之声相闻的村庄，模仿祖先熟稔的农事，刀耕火种。在阅读中我延续着古人的生活。

《诗经》会将你领进一个河汉密布的地带，弥漫的水雾扑面而来。《诗经》本身就是一条河流，一条文字之河，在台灯下读书，你愿意做一尾潜泳的鱼吗？哦，在《诗经》的掌纹里游动，那苍老的浮云与涛声，遗传在我们的血管里——

我们的血管，也已形成那条河的支流。由于时间的关系，我们永远生活在《诗经》的下游，感受其芬芳，接受其哺养。这是一条没有名字的河，在地图上无法查证的河，可河边的植物却是极其著名的，它叫作蒹葭。这是一种和爱情有关的植物，我们无法忘记它。

我们无法回到《诗经》的时代，男耕女织的时代，或者说我们无法恢复古人的那份单纯与天真。那简直堪称人类的童年，所以《诗经》里回荡着银铃般灿烂的童音，无法模仿。在充斥着欲望、高音喇叭的现实中，这属于天籁了。做天籁的听众，是幸福的。古人以纠缠的音乐的旋律结绳记事，那粗糙的双手搓出来的牧歌，鞭挞着我们世故的灵魂：该往何处去放牧自己失落的童心呢？我们两手空空，一无所有，丧失了原始的浪漫与激情。《诗经》里的那条河，已经流淌两千多年了，沿岸有数不清的读者，饮水思源。这条民间的河流哟。

“坎坎伐檀兮，置之河之干兮，河水清且涟猗。”岸边的伐木者，面目模糊，背对着我从事永恒的职业。我只注意到一柄闪亮的斧头，被举过头顶。整部《诗经》，都回响着斧头砍伐树木的声音。今天晚上，那柄远古斧头，又在敲击我麻木的耳膜。这是一种提醒：有一群人，仍然在岁月的河边坚持……

“诗囚”孟郊、贾岛

孟郊一生穷困潦倒，他的诗大多反映社会现状，诉说民生困苦，谴责统治者的罪恶，抨击世道不平，表现出悲越激愤的情绪。他的诗用字造句尽力避免平淡浅显，崇尚古拙，追求奇险。他因此被后人称为“苦吟诗人”。

和孟郊一样，贾岛一生也是孤寒坎坷。他安于荒凉寂寞的生活，其诗以清奇僻苦为特色，靠锻句炼字取胜，与孟郊同以“苦吟”著称，有“郊寒岛瘦”之称。元好问《放言》诗云：“长沙一湘累，郊岛两诗囚。”这里的“郊岛”，即指孟郊、贾岛。

2. 中国航天的秘诀

⊙余建斌

关键词：载人航天精神　时代内涵

西北大漠，在孕育了“两弹一星”的酒泉卫星发射中心，有一个航天人的精神圣地——东风革命烈士陵园。洁白的墓台，黑色的墓碑，在冬日的阳光下闪耀着光芒。这座元帅、将军、士兵相依的不朽军阵，深深震撼着人们。每次执行载人飞行任务前，航天员们都会前来瞻仰长眠于此的700多位献身航天伟业的英烈。

中国航天的秘诀，就在“两弹一星”精神里，也在“特别能吃苦、特别能战斗、特别能攻关、特别能奉献”的载人航天精神之中。

“载人航天精神是对‘两弹一星’精神的光荣传承，是以爱国主义为核心的民族精神和以改革创新为核心的时代精神的生动体现。”亲历中国载人航天事业一路艰苦卓绝发展历程的中国载人航天工程总设计师周建平院士说。

1992年，当中国载人航天工程正式启动的时候，几乎一切从零开始。中国航天人不畏艰险，迎难而上：现代化的航天城拔地而起，高技术集成的指挥控制中心、先进的航天测控网开始启用；苍凉戈壁滩建起了国际一流的发射场；托举“神舟”飞天的运载火箭，可靠性和安全性分别达到97%和99.7%；“神舟”飞船从研制开始就瞄准了国际第三代载人飞船水平，直接采用多人多舱的设计方案……

2003年10月16日，当首次载人飞行的“神舟”五号飞船返回地面，勇于攀登科技高峰的中国航天人用了11年的时间，实现了发达国家航天界几十年的跨越，把只有极少数大国才有能力研究建造的载人航天系统，奇迹般地变成了现实。

回想2017年7月28日那天，三次飞天的航天员景海鹏依然激动。八一大楼里，51岁的景海鹏以挺拔的身姿走上前台，亮闪闪的“八一勋章”紧贴胸口，让三次飞天的他心潮澎湃——这既是向最优秀军人颁发的最高荣誉，也是伟大祖国给最勇敢战士授予的最高功勋。这是他个人的荣耀，更是属于全体航天员的荣光。

景海鹏犹记得，2008年9月25日，第一次前往太空的他，与航天员翟志刚、刘伯明组成“神舟”七号飞行乘组，执行首次太空出舱任务。执行任务中，神七乘组遇到了意外。当翟志刚打开舱门准备出舱之时，响起了轨道舱火灾报警。神七乘组团结协作、沉着应对，完成了出舱壮举。虽然后来判明是仪表误报警，是一场虚惊，但着实让他们尝到了什么是惊心动魄，什么是生死考验！回到地球，有人问景海鹏：“当时你们有没有想过回不来？”

他回答："即使我们回不来，也一定要让五星红旗在太空高高飘扬。"

第一次天地往返，杨利伟把中国人的身影留在了浩瀚太空之后，中国载人航天持续不断地踏上一个又一个台阶：第一次出舱行走，翟志刚以自己的一小步，迈出了中华民族的一大步；第一次手控对接，刘旺打出了漂亮的"太空十环"；第一次太空授课，王亚平为广大青少年播下了科学和梦想的种子；第一次中期驻留，景海鹏和陈冬顺利叩开了中国空间站时代的大门……迄今为止，中国航天员先后 11 人、14 人次飞向太空，巡游 68 天，绕地飞行 1000 多圈，行程 4600 余万公里，创造了人类探索太空的新奇迹。

正是包括航天员在内的千千万万航天科技工作者，几十年如一日地不懈努力，用辛勤和汗水、用智慧和力量托举梦想，将"千人一杆箭""万人一颗星"的载人航天工程创造出辉煌的成就，推动着我国航天领域取得一次又一次的辉煌成就。如今，中国是第五个独立研制和发射卫星、第三个把人类送上太空的国家，也是一个已经迈进空间站时代的国家。

北京航天城里，开展常态化训练，保持最佳的身体状况和精神状态……航天员们开始了空间站任务学习和训练，为逐梦空间站做着精心准备。不少航天员已经有过太空飞行经历，当人们问起："你们是不是还要去飞？"景海鹏回答："重返太空、多次飞天，几乎是世界上所有航天员的心愿，这也是航天员的职业追求。”

“没有特别的精神，就没有特别的业绩。”周建平说，“我们要在后续的载人航天事业发展中，进一步弘扬载人航天精神，赋予它新的时代内涵，使之为我们不懈追求的航天梦提供源源不断的动力。”

“诗豪”刘禹锡

刘禹锡的诗歌，具有现实意义和艺术性较强的有两类：一类是政治讽刺诗，他采用寓意托物的手法，抒发心中的怨愤；一类是民歌体的《竹枝词》等作品，通俗清新，生活气息浓郁，风格别具。刘禹锡晚年的咏史怀古诗充满激情，内容深刻。其诗气势豪迈，笔力雄健，故白居易称其为“诗豪”。

3. 青年放飞青春的梦

⊙陈宏麟

关键词：五四精神　创造　爱国

一年一度的五四青年节之际，笔者借文字发起倡议：青年放飞青春的梦！

青春的碧血丹心

青春，永远和碧血丹心结伴同行。

众所周知，五四青年节来源于中国 1919 年反帝爱国的“五四运动”。在历史上，五四爱国运动是一次彻底的反对帝国主义和封建主义的爱国运动，同时这一具有历史意义的运动也是中国新民主主义革命的开始。

1939 年，陕甘宁边区西北青年救国联合会规定 5 月 4 日为中国青年节。青年节期间，中国各地都要举行丰富多彩的纪念活动，青年们还要集中进行各种社会志愿和社会实践活动，还有许多地方在青年节期间举行成人仪式。

曾经，青年们为了民族的独立和解放，为了国家的繁荣和富强，前赴后继，英勇奋斗，积极进取，勤奋工作。如今，青年们也正在为我们民族能自豪地屹立于世界民族之林，为了我们的国家持续发展，为了实现我们伟大的中国梦而不懈努力。

因此，青年放飞青春的梦，青春的梦是热烈的、积极的，与时代和民族大业紧密相连的。

五四精神论

一年一度的五四青年节，在这样一个洋溢着青春色彩的日子里，让我们一起来缅怀并铭记五四精神吧。

何谓“五四精神”？笔者认为，这是一种从那一场伟大运动至今并且延续到未来的传承。

“爱国主义”“民主与科学”“解放思想”“持续创新”“理性精神”“个性解放”“勇于探索”“追求真理”“破旧立新的革命或变革”“彻底的反帝反封建”等等，都是对“五四精神”的理解。这些定义从不同的视角阐释了“五四精神”的内容，事实上，他们也是相辅相成的。

爱国主义是五四精神的基础和源泉，民主与科学则是五四精神的核心，勇于探索、敢于创新、解放思想、实行变革等则是民主与科学提出和实现的途径，理性精神、个性解放、反帝反封建是民主与科学的内容。

以上种种，最终都是为了实现中华民族的振兴。因此，纪念五四运动，发扬五四精神，就需要我们把以上各方面都结合起来，为振兴我们的民族而努力奋斗、自强不息！

从另一个视角来看，五四精神代表着诚实、进步、积极、自由、平等、创造力，是真善美的，是和平的，是友爱互助的，是勤劳愉悦的，因此是全社会幸福的统一体现。五四精神就是这样一种爱国精神的升华。

一年一度的五四青年节，或盛大隆重，或简单朴实，无论形式怎样，其节日意义永恒。

让我们一起铭记五四青年节的两层含义：一是纪念“五四运动”，一是作为青年的节日。两者共同构成了包含深厚历史与现实内涵的精神原动力。它既是对历史承诺的担当，也是对实现社会与人生的自省与展望。

“爱国、进步、民主、科学”，这八个字浓缩了五四精神的全部意义。五四青年节已成一种文化符号，具有象征意义：其中有对国家命运的担当，有对社会问题的关注与破解，有对各行各业的唤醒与创造。青年当放飞青春的梦，青春的梦当是热烈的、积极的，与时代和民族大业紧密相连的。

整本书阅读

西游记

⊙〔明〕吴承恩

阅读导航

同学们，你们一定想象过这世界的另外一番模样吧？我国古代先民的幻梦曾为我们展示了别样的精彩：《山海经》中的夸父逐日、精卫填海，《庄子》里的河伯望洋兴叹、庄周梦蝶生惑……我也曾想象过海天倒置，巨大的蓝鲸在天上遨游，想象过月亮的背面有一座神奇的城市……是的，我们为现实所拘囿，但所幸我们有想象，有因之而来的思考与创造，让我们能够突破认知与智慧的边界。《西游记》就是这样一部充满想象的奇书。

我们说《西游记》是“神魔小说”也好，“童心之作”也罢，那大闹天宫、被压五指山、九九八十一难等情节，想象何等瑰奇！作者用自己的笔触创造出一个世界，让我们的思绪得以自由驰骋，让我们跟随其中的人物一起冒险。

当然，这部奇书所描写的内容虽然超离了现实世界，却不是凭空而来。它通过奇幻怪异、幽默诙谐的表达，幻中有实。无论是对社会生活根源的想象，还是宗教、哲学意识的呈现，都有产生的依据，也都有深意。有人说，西游之路是“心猿”的修行之路；有人说，《西游记》表现了人对自我价值的肯定，对自由本性的张扬；有人说，这本书是在影射作者生活的时代……同学们，你们觉得呢？

阅读是探索的过程，探索别人的生命体验，也是探索我们自己的生命体验。唐僧师徒“取经”的过程或许就是我们自己“取经”的过程，让我们和书中的人物一起经历这个过程，去寻找自我成长之路吧。

精彩选篇

第三回　四海千山皆拱伏　九幽十类尽除名（节选）

美猴王正喜间，忽对众说道：“汝等弓弩熟谙，兵器精通，奈我这口刀着实榔槺，不遂我意，奈何？”四老猴上前启奏道：“大王乃是仙圣，凡兵是不堪用；但不知大王水里可能去得？”悟空道：“我自闻道之后，有七十二般地煞变化之功；筋斗云有莫大的神通；善能隐身遁身，起法摄法；上天有路，入地有门；步日月无影，入金石无碍；水不能溺，火不能焚。那些儿去不得？”四猴道：“大王既有此神通，我们这铁板桥下，水通东海龙宫。大王若肯下去，寻着老龙王，问他要件甚么兵器，却不趁心？”悟空闻言甚喜道：“等我去来。”

好猴王，跳至桥头，使一个闭水法，捻着诀，扑的钻入波中，分开水路，径入东洋海底。正行间，忽见一个巡海的夜叉，挡住问道：“那推水来的，是何神圣？说个明白，好通报迎接。”悟空道：“我乃花果山天生圣人孙悟空，是你老龙王的紧邻，为何不识？”那夜叉听说，急转水晶宫传报道：“大王，外面有个花果山天生圣人孙悟空，口称是大王紧邻，将到宫也。”

东海龙王敖广即忙起身，与龙子、龙孙、虾兵、蟹将出宫迎道：“上仙请进，请进。”直至宫里相见，上坐献茶毕，问道：“上仙几时得道，授何仙术？”悟空道：“我自生身之后，出家修行，得一个无生无灭之体。近因教演儿孙，守护山洞，奈何没件兵器。久闻贤邻享乐瑶宫贝阙，必有多余神器，特来告求一件。”龙王见说，不好推辞，即着鳜都司取出一把大捍刀奉上。悟空道：“老孙不会使刀，乞另赐一件。”龙王又着鲌太尉，领鳝力士，抬出一捍九股叉来。悟空跳下来，接在手中，使了一路，放下道：“轻！轻！轻！又不趁手！再乞另赐一件。”龙王笑道：“上仙，你不曾看这叉，有三千六百斤重哩！”悟空道：“不趁手！不趁手！”龙王心中恐惧，又着鳊提督、鲤总兵抬出一柄画捍方天戟。那戟有七千二百斤重。悟空见了，跑近前接在手中，丢几个架子，撒两个解数，插在中间道：“也还轻！轻！轻！”老龙王一发害怕道：“上仙，我宫中只有这根戟重，再没甚么兵器了。”悟空笑道：“古人云：‘愁海龙王没宝哩！’你再去寻寻看。若有可意的，一一奉价。”龙王道：“委的再无。”

正说处，后面闪过龙婆、龙女道：“大王，观看此圣，决非小可。我们这海藏中，那一块天河定底的神珍铁，这几日霞光艳艳，瑞气腾腾，敢莫是该出现，遇此圣也？”龙王道：“那是大禹治水之时，定江海浅深的一个定子，是一块神铁，能中何用？”龙婆道：“莫管他用不用，且送与他，凭他怎么改造，送出宫门便了。”老龙王依言，尽向悟空说了。悟空道：“拿出来我看。”龙王摇手道：“扛不动！抬不动！须上仙亲去看看。”悟空道：“在何处？你引我去。”龙王果引导至海藏中间，忽见金光万道。龙王指定道：“那放光的便是。”悟空撩衣上前，摸了一把，乃是一根铁柱子，约有斗来粗，二丈有余长。他尽力两手挝过道：“忒粗忒长些！再短细些方可用。”说毕，那宝贝就短了几尺，细了一围。悟空又颠一颠道：“再细些更好！”那宝贝真个又细了几分。悟空十分欢喜，拿出海藏看时，原来两头是两个金箍，中间乃一段乌铁；紧挨箍有镌成的一行字，唤作“如意金箍棒”，重一万三千五百斤。心中暗喜道：“想必这宝贝如人意！”一边走，一边心思口念，手颠着道：“再短细些更妙！”拿出外面，只有二丈长短，碗口粗细。

你看他弄神通，丢开解数，打转水晶宫里，唬得老龙王胆战心惊，小龙子魂飞魄散；龟鳖鼋鼍皆缩颈，鱼虾鳌蟹尽藏头。悟空将宝贝执在手中，坐在水晶宫殿上，对龙王笑道：“多谢贤邻厚意。”龙王道：“不敢，不敢。”悟空道：“这块铁虽然好用，还有一说。”龙王道：“上仙还有甚说？”悟空道：“当时若无此铁，倒也罢了；如今手中既拿着他，身上更无衣服相趁，奈何？你这里若有披挂，索性送我一副，一总奉谢。”龙王道：“这个却是没有。”悟空道：“‘一客不犯二主。’若没有，我也定不出此门。”龙王道：“烦上仙再转一海，或者有之。”悟空又道：“‘走三家不如坐一家。’千万告求一副。”龙王道：

“委的没有；如有即当奉承。”悟空道：“真个没有，就和你试试此铁！”龙王慌了道：“上仙，切莫动手！切莫动手！待我看舍弟处可有，当送一副。”悟空道：“令弟何在？”龙王道：“舍弟乃南海龙王敖钦、北海龙王敖顺、西海龙王敖闰是也。”悟空道：“我老孙不去！不去！俗语谓‘赊三不跌见二’，只望你随高就低的送一副便了。”老龙道：“不须上仙去。我这里有一面铁鼓，一口金钟；凡有紧急事，擂得鼓响，撞得钟鸣，舍弟们就顷刻而至。”悟空道：“既是如此，快些去擂鼓撞钟！”真个那鼍将便去撞钟，鳖帅即来擂鼓。

少时，钟鼓响处，果然惊动那三海龙王，须臾来到，一齐在外面会着。敖钦道：“大哥，有甚紧事，擂鼓撞钟？”老龙道：“贤弟！不好说！有一个花果山甚么天生圣人，早间来认我做邻居，后要求一件兵器，献钢叉嫌小，奉画戟嫌轻。将一块天河定底神珍铁，自己拿出手，丢了些解数。如今坐在宫中，又要索甚么披挂。我处无有，故响钟鸣鼓，请贤弟来。你们可有甚么披挂，送他一副，打发出门去罢了。”敖钦闻言，大怒道：“我兄弟们，点起兵，拿他不是！”老龙道：“莫说拿！莫说拿！那块铁，挽着些儿就死，磕着些儿就亡；挨挨儿皮破，擦擦儿筋伤！”西海龙王敖闰说：“二哥不可与他动手；且只凑副披挂与他，打发他出了门，启表奏上上天，天自诛也。”北海龙王敖顺道：“说的是。我这里有一双藕丝步云履哩。”西海龙王敖闰道：“我带了一副锁子黄金甲哩。”南海龙王敖钦道：“我有一顶凤翅紫金冠哩。”老龙大喜，引入水晶宫相见了，以此奉上。悟空将金冠、金甲、云履都穿戴停当，使动如意棒，一路打出去，对众龙道：“聒噪！聒噪！”四海龙王甚是不平，一边商议进表上奏不题。

阅读规划

《西游记》是中国古典文学中最富想象力的作品之一。它是一部很有趣的书，深受青少年喜爱。对于这部经典作品中的人物、情节等内容，同学们通过连环画、动画片、电视剧等早就十分熟悉了，但经典作品更应该读原著。那么，面对这本古典小说，我们应该怎样阅读呢?

“精读”和“跳读”并用。

精读就是细读、精思、鉴赏。精读指向细腻的感受、透彻的理解和广泛的联想。

跳读则是跳过与阅读目的无关或者不感兴趣的内容。跳读是主动的舍弃、有意的忽略，以便提高阅读效率。

“精读”和“跳读”并用是我们阅读长篇著作经常采用的读书方法。选择经典名著作品中的重要内容、经典片段和自己感兴趣的内容进行阅读，从而使阅读更加高效。

请同学们按照精读和跳读结合的方式，完成下面的“《西游记》读书卡”。

《西游记》读书卡

阅读时间	阅读时长	章回	故事梗概	阅读笔记

交流平台

在阅读《西游记》时，同学们不妨思考下面这些问题。可以进行专题讨论或辩论，也可以把思考结果写成读书笔记。

任务一：请找出《西游记》中写到“紧箍儿咒”的情节，思考“紧箍儿咒”对孙悟空的意义是什么。

提示：1. 尽量找到所有相关情节，比较分析。

2. 得出结论后，可以与父母、同学或老师交流。

3. 你成长中也有这样的“束缚”吗？你怎么看待它们呢？

任务二：有人说，取经路上的孙悟空逐渐失去了自由自在的本性，失去了自我；有人说，取经是凭借个人能力实现自我价值的过程。你怎么看？

提示：1. 阅读时请注意抓住细节，寻找依据。

2. 可以和同学组织一次讨论或辩论活动。

任务三：《西游记》中的历险故事很吸引人，请选择其中一个你感兴趣的历险故事，写一篇短文，向你的朋友做简单介绍。

提示：1. 要写出故事梗概。

2. 注意呈现一些令你印象深刻的细节。

3. 用几句话对其中的人物或故事情节做出简短的评论。

敬启

为编好这本书，我们与收入本书的作品（含图片）作者进行了广泛联系，得到了各位作者的大力支持。在此，我们表示衷心的感谢。但是，由于个别作者地址不详，虽经多方努力，仍无法取得联系。敬请各位有著作权的作者尽快与我们联系，以便我们支付稿酬，并致谢忱！

我们还要感谢使用本书的师生们。希望你们在使用本书的过程中，能够及时把意见和建议反馈给我们，对此，我们深表谢意，并将给予一定奖励。让我们携起手来，共同完成本书的建设工作。

联 系 人：梁老师　张老师

联系电话：010-58022100

联系邮箱：ztxx2008@sina.com

网　　址：http：//www.ywztxx.com

地　　址：北京市海淀区知春路7号致真大厦A座18层

图书在版编目（CIP）数据

百味人生 / 刘颖异主编. — 上海 : 上海教育出版社, 2021.6

ISBN 978-7-5720-0815-3

Ⅰ. ①百… Ⅱ. ①刘… Ⅲ. ①阅读课—初中—教学参考资料 Ⅳ. ①G634.333

中国版本图书馆CIP数据核字（2021）第142047号

责任编辑　朱剑茂　顾　翊
封面设计　陈丽娟　王艺霖
著作权人　北京华樾教育科技有限公司

百味人生

刘颖异　主编

出版发行　上海教育出版社有限公司
官　　网　www.seph.com.cn
地　　址　上海市永福路 123 号
邮　　编　200031
印　　刷　阳谷毕升印务有限公司
开　　本　720 × 1010　1/16　印张 66
字　　数　900千字
版　　次　2021年8月第1版
印　　次　2021年8月第1次印刷
书　　号　ISBN 978-7-5720-0815-3/G · 0631
定　　价　268.00元

如发现质量问题，请向本社调换　　电话 021-64377165